주머니 속의 유럽사

주머니 속의 역사_003

주머니 속의 유럽사

테런스 딕스 지음 | 레이 젤리프 그림 | 전일휘 옮김

거의 다 됐어!

머리말

여러분이 이 책을 읽고 그동안 유럽 역사에 대해 잘 모르고 있던 부분들을 알 수 있는 계기가 되었으면 합니다. 이 책을 쓰면서 매우 힘이 들었습니다(제가 소싯적에는 역사 과목을 A학점을 받은 것이 사실이지만, 오래 전의 일이라 이제는 그 자체가 하나의 역사적 사건이 되어버렸군요).

저는 학창시절 이후로는 할리우드 영화에서 역사를 배웠습니다. 로빈 후드와 사악한 존 왕, 왕을 위해 추기경의 호위대에 맞서 싸우는 삼총사… 뭐 이런 이야기들에서 말이죠. 단두대에 오른 프랑스 귀족들을 구해주는 날랜 스칼렛 핌퍼넬 이야기도 있고, 카리브 해의 해적에 관한 영화들에서부터 〈경장비 부대의 돌격(The Charge of the Light Brigade)〉에 이르기까지 영웅 역할을 맡았던 배우 에럴 플린도 빼놓을 수 없겠죠. 찰턴 헤스턴은 모세에서 미켈란젤로에 이르는 온갖 역할들을 소화해냈습니다.

현 시점에서 우리 모두는 유럽에 대해 간략하게 복습을 해야 한다고 생각했습니다. 따라서 이 책은 시간적으로는 고대 로마의 관리들에서 스트라스부르의 유럽연합의 관료들에 이르고, 공간적으로는 전 유럽에 걸친 다양한 이야기의 요약판이라고 할 수 있습니다.

놀라운 사실은 이제 유럽 대륙이 완전히 합쳐졌다는 것입니다. 실제로 여러분은 걸어서 이 나라에서 저 나라로 갈 수도 있습니다. 침략군도 당연히 도보로 국경을 통과할 수 있을 것이며, 바로 이러한 점이 여러 유럽 국가들이 정복 과정을 되풀이하며 수백 년 동안 서로 충돌했던 이유를 설명해주고 있습니다.

다른 나라 사람들이 매우 이상하고 낯선 존재로 느껴지는 점은 부인할 수 없습니다. 그러나 가련한 처지의 그들이 오랫동안 어떤 시련을 견뎌내야 했는지를 안다면, 우리는 그들을 보다 더 잘 이해할 수 있을 것입니다.

테런스 딕스

Europe United

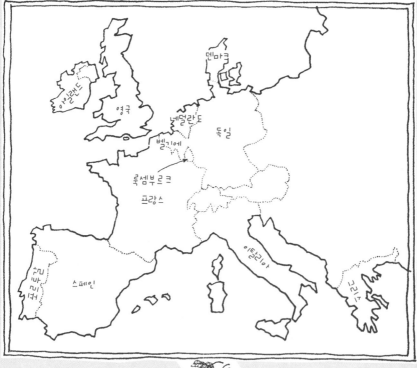

차례

1장 작지만 용감한 벨기에

벨기에가 하나의 국가로 존립하기란 쉬운 일이 아니었습니다. 벨기에 인들조차도 1831년이 되어서야 벨기에를 통치할 수 있었으니까요.

크고 위협적인 주변국들에 둘러싸인 작은 땅덩이의 벨기에는 나라 이름과 통치자가 수시로 바뀌었으며, 여러 전쟁의 전장 역할을 했으므로, 가엾은 벨기에 사람들은 자신들이 어디에 있으며, 심지어 자신들이 누구인지조차 아는 것이 쉽지 않았습니다. 벨기에는 작은 나라여서 정복자들은 항상 벨기에를 휩쓸고 지나갔으며, 그들은 마치 런던의 9번 버스처럼 규칙적으로 벨기에를 찾아왔던 것이죠. 벨기에는 오랜 세월에 걸쳐 여러 차례 이민족들에 점령을 당했답니다. 물

우리는 누구이고, 어디에 있으며, 그 이유는 무엇일까?

론 맨 처음에는 로마 인들이 벨기에를 정복했죠. 그후로는 스페인, 오스트리아, 프랑스, 네덜란드가 이 나라를 다스렸습니다. 당시에는 강대국들이 작은 나라들을 마치 모노폴리 게임의 조각들처럼 돌아가며 차지했습니다.

'벨기에랑 네덜란드랑 바꾸자.'

'룩셈부르크도 주면 한번 생각해보도록 하지.'

가엾은 벨기에 사람들은 강대국들의 이러한 태도에 당연히 넌더리가 났습니다. 벨기에는 국제정치라고 하는 놀음에서 끊임없이 주인이 바뀌는 매우 낮은 패에 불과했으니까요.

■ 카이사르 만세!

가장 처음 등장한 사람은 그 유명한 율리우스 카이사르였습니다. 당시 이 지역에는 벨가이라 불린 부족이 살고 있었습니다. BC 57년에 카이사르가 로마 군단을 거느리고 이곳에 왔습니다. 그는 벨가이 족으로서는 거절하기 힘든 제안을 했습니다. 즉, 로마 밑으로 들어오지 않으면 완전히 쓸어버리겠다고 했지요.

몇 년 후 이 지역은 로마의 속주인 갈리아 벨기카가 되었습니다. 벨기에 사람들에게는 그로부터 몇 해 동안이 가장

로마 인이 되면, 술잔치에 초대해주실 거죠?

평화로운 시기였답니다. 로마의 지배가 가혹하긴 했으나 공정했고, 로마 지배하의 생활이 실제로는 그렇게 나쁘지 않았으며, 잘만 하면 로마 시민이 되어 관리가 되는 경우도 있었기 때문이지요.

■ 로마 제국 물러가라!

그러나 막강한 로마 제국이 지배권을 잃기 시작하자, 프랑크 사람들이라 불린, 사납고 거친 게르만 족의 한 무리가 몰려왔습니다.

■ 끝없는 전쟁

프랑크 인들은 벨기에 사람들을 완전히 무찌르고 나서 점령지를 두고 다투다가 자기들끼리 싸우기 시작했습니다. 이것으로 벨기에 사람들에게 평화의 시대는 끝났으며, 1,000년이 훨씬 넘는 기간 동안 평화를 누리지 못하게 됩니다. 이후 수백 년 동안 벨기에 사람들은 주변의 모든 나라들로부터 침략을 당하고, 합병되었으며, 점령을 당합니다. 마치 '유럽의 투계장' 꼴이 되었습니다. 전쟁을 축구에 비유하자면, 벨기에는 웸블리 구장이 되어버린 것이죠.

대개의 경우 무력으로 이웃한 네덜란드와 합쳐지기도 하며, 이 지역은 네덜란드, 스페인령 네덜란드, 오스트리아령 네덜란드, 벨기에 연합국, 또다시 오스트리아령 네덜란드로 불렸습니다. 이후 프랑스에 합쳐지기도 하고 네덜란드 연합왕국에 속하기도 했다가 마

난 1,000년이 넘게 벨기에는 못 가봤어!

침내 독립국인 벨기에 왕국이 되었습니다(만세!).

벨기에가 온전한 나라가 되었을 때조차도, 그것은 벨기에 인들 스스로의 생각에서 그렇게 된 것이 아니었답니다. 애초에 반쪽짜리 나라에서 출발하여 이제 온전한 나라가 된 것이죠.

■ 네덜란드 연합왕국

1815년에 동맹국들(잉글랜드, 오스트리아, 프로이센, 포르투갈 등)은 마침내 워털루 전투(3장을 참조하세요)에서 나폴레옹을 끝장냅니다. 당연히 그들은 나폴레옹 전쟁 최후의 대결전을 브뤼셀 외곽지역의 벨기에 땅에서 치렀죠. 나폴레옹이 제거되자 동맹국들은 작은 중립국을 세워 프랑스를 막는 완충지대 역할을 맡길 필요가 있다는 의견을 모았습니다.

주민들의 의견은 물어보지도 않은 채 동맹국들은 서로 다른 두 나라인 벨기에와 네덜란드를 합쳐버렸습니다. 동맹국들은 역사, 언어, 관습, 종교상의 커다란 차이점들을 간단히 무시해버리고 이 신생국을 네덜란드 연합왕국이라 칭하며, 오라녜 가의 빌렘 공을 빌렘 1세로 왕좌에 앉혔습니다.

'연합'이란 단어는 이 신생 왕국에 전혀 어울리지 않았습니다. 빌렘은 마음씨가 좋은 사람이었으며 악한 군주는 아니었으나, 벨기에 사람들로서는 절대로 받아들일 수 없는 결점이 한 가지 있었습니다. 그것은 그가 네덜란드 사람이라는 것이었죠!

벨기에 사람들은 외국인일 뿐만 아니라 신교도이기도 했던 자가 왕이 되는 것이 달갑지 않았습니다(당시에는 종교에 무척 민감했습니다. 벨기에는 카톨릭이 국교였던 반면에, 네덜란드 사람들은 대부분이 신교도였죠).

벨기에 사람들은 네덜란드 어를 공용어로 삼기가 싫었습니다. 새 나라에는 벨기에 사람 2명에 네덜란드 사람이 한 명꼴이었으나, 의회인 스타턴 헤네랄의 의원 수는 똑같았다는 사실에 벨기에 사람들은 분개했습니다. 빌렘 1세는 모든 반대를 억누르며 네덜란드 방식을 고집했습니다. 그로 인한 결과는 당연한 것이었죠.

짐이 왕이니, 네덜란드 식으로 비용을 각자 부담하기로 할지어다.

■ 오페라 혁명

1830년 8월 25일에 브뤼셀에서는 작곡가 오베르의 오페라가 공연되고 있었습니다. 그 작품은 〈조국에 대한 신성한 사랑〉이라는 애국적이고도 감동적인 이중창으로서, 이 노래가 울려퍼지자 관객들은 흥분하여 밖으로 몰려나갔고, 곧바로 혁명이 시작된 것이죠(오페라 가수들의 노래 솜씨가 그 정도로 형편없지는 않았을 텐데 말이죠).

1830년 오페라 혁명

빌렘 1세와의 두 차례에 걸친 충돌 후, 이 노래부르는 혁명가들은 벨기에의 독립을 선언했습니다.

■ 벨기에의 독립

자신들이 새로 세운 왕국이 쪼개지는 것에 화가 난 동맹국들은 사태 수습을 위해 런던에서 회의를 개최했습니다(으스대는 잉글랜드가 다시 한번 책임을 떠맡게 된 것이죠). 런던 회의 참가국들이 네덜란드와 벨기에의 연합이 유지되지 않을 것이라 깨닫고서, 벨기에를 마침내 독립국으로 선언한 것은 무척 현명한 일이었습니다. 공교롭게도 빅토리아 여왕의 외삼촌이었던 작센코부르크 가의 레오폴 공이 벨기에의 레오폴 1세가 되었습니다. 1831년의 일이었죠.

쉽사리 포기할 인물이 아니었던 네덜란드의 빌렘 1세는 벨기에를 두 차례 공격했으나 프랑스가 그를 물리쳤습니다. 1839년에 벨기에는 마침내 독립국이 되었으며, 런던 조약으로 벨기에의 중립성은 보장되었습니다.

■ 개혁적인 군주 레오폴 1세

벨기에 사람들은 새 국왕을 모시고 새로운 나라에서 잘살았습니다. 레오폴 1세는 최초의 입헌군주들 가운데 한 사람이었죠. 이것은 실질적인 모든 권력은 의회와 국민에게 있다는 것을 의미했으며, 이는 당시로서는 매우 참신한 생각이었습니다. 그는 개혁적인 군주로서 백성들의 신망이 매우 두터웠으므로, 벨기에는 1848년에 유럽을 휩쓸었던 혁명의 소용돌이를 비껴갈 수 있었습니다.

■ 레오폴 2세의 등극

아들 레오폴 2세는 레오폴 1세 못지않게 영민하고 사려 깊은 군주로서 (프랑스로서는) 악몽과도 같았던 1870년의 프랑스-프로이센 전쟁에 벨기에가 휘말리지 않도록 했습니다. 게다가 뛰어난 사업가였던 그는 제국 건설에는 실용적인 부분이 중요함을 곧 깨닫게 되었습니다. 당시 유럽 열강들은 아프리카 곳곳을 장악하고 있었는데, 레오폴 2세는 콩고로 불린 중부 아프리카의 한 지역을 획득했습니다. 그는 탐험가 스탠리를 독려하여 교역소를 세우고 족장들과 교역 약정을 맺도록 했습니다(위험한 정글을 헤치고 수천km를 여행하여 실종된 선교사 리빙스턴을 찾아낸 사람이 바로 스탠리입니다. 그는 리빙스턴을 발견하자, 가볍게 모자를 들어 인사하며 공손하게 "리빙스턴 박사님이시죠?"라고 물었습니다. 이 질문을 받은 자가, "글쎄요. 사람을 잘못 보셨군요"라고

리빙스턴 박사님이시죠?

레오폴 2세의 행차로군. 고무로 돈을 많이 벌었다는 군요.

했다고 상상해봅시다).

이 지역의 특산품인 고무는 유럽에서 수요가 많았습니다.

콩고에 이미 발을 들여놓은 벨기에는 1885년에 콩고를 완전히 합병하게 됩니다.

레오폴 2세의 고무 무역으로 벨기에와 왕 자신은 많은 돈을 벌어들였습니다. 광활한 콩고 지역은 '군주의 영지'로서 레오폴 2세의 개인 소유지로 간주되었습니다.

아참! 그리고 모든 사람들이 아니라, 사실은 남자들만 1893년에 투표권을 얻게 됩니다.

■ 플라망 어가 공용어가 되다

벨기에가 언어 장벽으로 나뉘어져 있다는 점은 두고두고 골칫거리가 되었습니다. 북부지역 주민들은 네덜란드 어의 일종인 플라망 어를 사용합니다. 남부지역에서는 프랑스 어를 사용하는 왈론 인들이 살고 있죠. 더욱 혼란스러운 것은 또 다른 지역인 동부지역에서는 모든 사람들이 독일어를 사용한다는 점입니다!

오랫동안 플라망 사람들은 부당한 대우를 받고 있다고 생각했으며, 그들의 언어와 문화가 프랑스 어를 사용하는 주민들에 압도당하고 있었습니다. 1886년에 플라망 학교가 설립되자 플라망 사람들은 상당히 고무되었습니다. 1898년에는 법률이 통과되어, 플라망 어는 공용어로서 프랑스 어와 동등한 지위를 부여받게 되었습니다.

잠시 동안이기는 하지만 이때가 벨기에 사람들이 가장 오랫동안 평화와 번영을 누렸던 시기라고 할 수 있죠. 그러나 평화와 번영은 오래가지 못했습니다.

■ 알베르 1세를 향한 경종

레오폴 2세의 뒤를 이어 1909년 그의 조카 알베르 1세가 즉위했으며, 얼마 후 국제정세가 또다시 위태로워지기 시작했습니다. 그로부터 5년 후에 벨기에는 길고도 피로 얼룩진, 전쟁사에 있어서 최악의 전쟁에 휘말리게 됩니다. 그것은 새로운 20세기에 첫번째로 발생한 대규모 전쟁이었습니다.

■ 벨기에 땅에서 치러진 전쟁

1914년에 전운이 감돌자, 영국은 독일에게 벨기에의 중립성을 보장해주었던 1839년의 런던 조약을 상기시키고자 했습니다. 하지만 독일은 런던 조약은 '휴지 조각'에 불과하다며, 벨기에는 독일군의 자유로운 통행을 허용하라고 요구했습니다.

국왕의 지휘하에 벨기에 사람들은 영웅적으로 싸웠으나 막강한 독일군의 적수가 되지는 못했죠. 얼마 지나지 않아 벨기에의 중부와 남부지역 대부분을 독일군이 점령하게 됩니다.

독일군이 수적으로 훨씬 우세했음에도 이프르에서 영국군을 격파하지 못했고, 양 진영은 참호를 팠습니다. 곧 유럽을 가로지르는 참호망이 생기게 되었죠. 처음으로 병사들은 진흙투성이에다가 피로 물든, 아수라장의 참호를 차지하기 위해 여기저기에서 전투를 치러야 했습니다. 이 전쟁은 무시무시한 현대의 기술이 총동원된 첫 전쟁이었습니다. 속사야포, 지뢰, 기관총, 독가스, 심지어 비행기와 폭탄까지 등장했죠. 제1차 세계대전에서 가장 치열했던 전투들은 예외 없이 벨기에 땅에서 치러지게 됩니다.

제3차 이프르(헷갈리지만 패스상델이라고도 함) 전투의 참상 후, 1917년에 전세가 연합국으로 기울게 되고 미국도 연합국에 가담하게 됩니다. 이로 인해 독일군은 점차 밀려나게 됩니다. 1918년에는 캐나다 군이 몽스에 입성했으며, 벨기에 군대도 헨트까지 진격했습니다. 휴전협정이 맺어져서 전쟁이 끝나게 됩니다.

고향에 편지를 써야 하는데 펜이 없어.
난 이프르나 패스상델의 철자를 모르겠는걸.

■ 제1 · 2차 세계대전 사이

제1차 세계대전이 끝난 지 불과 21년 만에 제2차 세계대전이 발발합니다. 대부분의 유럽 국가들과 마찬가지로 벨기에도 이때는 힘든 시기였답니다. 제1차 세계대전의 참화를 복구하는 데는 시간이 필요했으며, 형편이 막 나아지려 하자 유럽에는 1929년 세계대공황이 엄습했습니다. 해외무역에 거의 전적으로 의존하고 있던 벨기에는 극심한 타격을 받게 되죠.

'전사왕' 알베르 1세가 1934년에 세상을 떠나고, 그의 아들 레오폴 3세가 왕위를 계승합니다. 한편 독일에서는 나치가 권력을 장악했으며, 히틀러는 더 많은 '생활공간'(Lebensraum, 독일의 지리학자이자 민족지학자인 라첼이 창안한 개념. 이는 인간과 인간의 생활공간을 관련시키는 것으로, 라첼은 국가가 그 합리적 능력에 따라 영토를 확장시키거나 축소시키려는 경향을 가지고 있다고 지적했음. 독일의 나치 정부는 스웨덴의 정치학자 루돌프 켈렌이 라첼의 생활공간 개념을 해석한 것을 근거로 이 개념을 오용했음—옮긴이)이 필요하다고 소리 높여 외치고 있었습니다. 제2차 세계대전이 임박했으며, 독일과 아주 가까운 벨기에는 피해가 클 수밖에 없었습니다.

■ **제2차 세계대전의 발발**

1939년에 독일이 폴란드를 침공함으로써 제2차 세계대전이 시작됩니다. 제1차 세계대전에서 엄청난 고통을 겪었던 벨기에는 중립을 지키려고 필사적으로 노력했습니다. 그러나 어림없는 일이었죠! 1940년에 독일전차가 벨기에에 들이닥쳤습니다. 희망이 없다고 생각한 레오폴 3세는 항복을 하게 됩니다. 자신의 군대를 떠나지 않았던 그는 독일군에 붙잡혀 독일로 추방되었죠.

이번에는 벨기에 전체가 점령당했습니다. 독일의 점령은 4년 동안 계속되었으며, 완강한 벨기에 사람들은 기회가 있을 때마다 이에 저항했습니다.

1944년에 연합군은 점령지 프랑스의 노르망디를 통해 반격을 했고, 곧 벨기에 국경에 이르게 됩니다. 브뤼셀이 해방되었고, 헨트, 브뤼헤 및 안트웨르펜이 그 뒤를 이었으며, 얼마 지나지 않아 벨기에 전체가 자유를 되찾게 됩니다.

■ 마지막 전투

그러나 만신창이가 된 벨기에 사람들이 치러야 할 전투가 아직 남아 있었습니다. 연합군은 북쪽으로는 아헨, 남쪽으로는 알자스를 통해 독일을 공격하기로 결정하여 전선의 중앙이 취약해졌고, 이를 독일의 육군원수 룬트슈테트가 간파했습니다.

1944년 12월에 독일군은 공격을 감행했습니다. 이 기습으로 연합군이 후퇴함으로써 전선의 중앙이 옴폭 패이는 형상이 빚어졌습니다. 이 전투는 '벌지 전투'로 불리게 되는데 추운 겨울까지 계속되

헤르만, 자네 배가 이렇게 나온 건 놀랄 만한 일이 아니라네, 자네는 오래 전에 뱃살빼기 전투에서 패하지 않았나!.

다가 1월 말에 미국의 패턴 장군과 영국의 몽고메리 육군원수가 힘을 합쳐 독일군을 몰아냄으로써 끝이 났습니다. 이 전투는 히틀러의 최후 발악이었으며, 제2차 세계대전에서 가장 처참했던 전투 중 하나였습니다. 당연히 벨기에 땅에서 전투가 벌어졌죠. 벨기에가 아니면 그럴 만한 나라가 있나요?

또한 1944년에 벨기에는 네덜란드 및 룩셈부르크와 일종의 작은 공동시장이라고 할 수 있는 베네룩스 경제동맹을 체결하게 됩니다. 이것은 세 나라가 미래를 매우 낙관적으로 보고 있었음을 의미하는 것으로, 당시에 이들은 모두 나치의 점령하에 있었죠. 실제로 이들 나라의 망명 정부가 런던에서 이 협약에 서명했습니다.

■ 제2차 세계대전 이후

제2차 세계대전 이후 대다수의 벨기에 사람들은 레오폴 3세가 독일에 항복한 것을 용서할 수 없었습니다. 벨기에 사람들은 가혹하게도 레오폴 3세를 제1차 세계대전에서 끝까지 싸웠던 그의 아버지인 '전사왕' 알베르 1세와 비교했습니다. 레오폴 3세의 복위는 거의 불가능했으므로, 그를 대신해 그의 동생인 샤를 왕자(벨기에도 샤를 왕자가 있었군요)가 섭정을 맡게 됩니다. 1951년에 레오폴 3세는 공식적으로 퇴위하여 그의 아들 보두앵에게 왕위를 물려줍니다.

1952년 벨기에는 프랑스, 서독, 이탈리아, 네덜란드 및 룩셈부르크와 함께 유럽 공동시장의 준비 단계라고 할 수 있는 유럽 석탄철강 공동체를 설립합니다.

1957년에 유럽 공동시장이 결성되자, 벨기에는 창립 회원국이 되었습니다. 오늘날의 벨기에는 평화롭고 번영하는 현대적 국가입니다. 45년이 넘도록 벨기에 땅에서 전쟁이 일어나지 않고 있으며, 이것은 모르긴 해도 기록일 것입니다. 수도 브뤼셀에는 나토(NATO, 북대서양조약기구)와 유럽연합의 본부가 있습니다. 벨기에 사람들은 자랑스럽게 브뤼셀을 유럽의 수도라고 하죠.

　누구보다도 벨기에 사람들이 평화와 유럽 통합에 깊은 관심을 가지고 있는 것은 어쩌면 당연한 것인지도 모릅니다. 그들은 끔찍한 일들을 너무 많이 겪었거든요.

벨기에의 성적표

 음식 : 8점　프랑스의 영향을 받았으나 그보다는 더 실속 있는 편입니다. 벨기에 사람들은 포도주보다는 맥주를 선호하며, 감자 튀김은 유명하죠(뒤에 나오는 아주 재미난 농담을 참조하세요).

문학과 예술 : 6점　메그레 경감이라는 인물을 만들어낸 그 유명한 조르주 시므농이 벨기에 출신이긴 하지만, 문학에는 다소 낮은 점수를 주었습니다. 예술 분야에서는 반 에이크 형제, 브뢰헬, 반 다이크와 누구보다도 루벤스(종교화와 벌거벗은 풍만한 여인들을 매우 잘 그렸답니다)와 같은 선수들, 아니 화가들이 1부 리그에 속한다고 할 수 있겠군요.

경치 : 8점　산업화가 덜 된 남부지역이 특히 아름답습니다. 건축은 세계 최고를 자랑하며, 브뤼셀, 안트웨르펜, 헨트, 브뤼헤 같은 대도시들에는 멋진 교회와 성곽, 대성당들이 가득하답니다. 수많은 전쟁 유적들은 말할 것도 없죠.

정치 : 7점　과거에는 외세로 인해 다소 불안정했으나, 꾸준히 어려움을 극복해나갔습니다. 지금은 새로운 통치체제가 뿌리를 내려 영국과 마찬가지로 국민의 사랑을 받는 왕가가 갖추어진 안정된 입헌군주제입니다.

 국민성　팀에 비유하자면, 매우 힘든 시기들을 견뎌낸 강인하고도 믿음직한 팀이라고 할 수 있습니다. 국제적인 세력다툼에서 자주 혹사당했던 만신창이의 조그만 나라 벨기에는 강대국들에게 전쟁터를 제공해야 했습니다.

벨기에와 관련된 우스갯소리

프랑스 사람들(우리 모두는 그들이 얼마나 우쭐대는지 잘 압니다)은 딱딱하고 고집스러운 벨기에 사람들이 좀 우스꽝스럽다고 여깁니다. 사실 프랑스 사람들은 벨기에 사람과 관련된 농담을 하는데, 이것은 영국 사람들이 아일랜드 사람과 관련된 농담을 하는 것과 비슷하다고 할 수 있습니다.

다음은 그러한 우스갯소리의 전형적인 예입니다.

'벨기에 사람이 죽었다는 사실을 어떻게 알 수 있을까?'

'감자튀김 자루가 땅에 떨어지면 죽은 것이지.'

오, 이러다 또 전쟁 나겠죠?

2장 유쾌한 덴마크

덴마크는 영국과 마찬가지로 훌륭한 역사를 지닌 작은 나라입니다.

여러분은 덴마크 베이컨을 먹을 때 말고는 이 나라에 대해서 그다지 생각해보지 않았을 것입니다. 그러나 1,000년 전이라면 덴마크 사람들에 대한 것들을 빠짐없이 알고 있었을 테죠. 모르긴 해도 그들 중 하나가 도끼를 들고 집 주위에서 여러분을 쫓고 있었을 것이며, 그의 동료들은 약탈을 일삼았을 것입니다. 그리고 마침내 영국을 차지하게 되겠죠.

전성기에 덴마크 사람들은 영국 땅 대부분과 북유럽의 상당 부분을 지배했습니다. 물론 지금은 상황이 완전히 딴판이긴 하지만, 덴마크는 유럽의 다른 나라와 항상 각별한 관계를 유지해왔습니다. 덴마크는 소위 스칸디나비아라고 하는 신비스러운 북유럽의 국가들(덴마크, 노르웨이, 스웨덴, 핀란드) 중에서 가장 유럽화된 나라죠. 독일의 최북단에 위치한 덴마크는 유럽과 스칸디나비아 국가들을 이어주는 다리라고 할 수 있어요. 덴마크는 유럽연합 회원국들 중에서 가장 작으면서도 부유한 나라들 가운데 하나입니다.

■ 데인 족의 정착

최초의 덴마크 사람들은 스웨덴에서 건너온 사람들이었습니다. BC 500년경에 데인 족이라는 스웨덴의 한 부족이 덴마크로 알려진 지역을 장악하게 되면서 비로소 그 기원이 시작되었습니다.

■ 카롤루스 대제를 물리치다

그들은 그곳에서 약 1,000년간을 사냥을 하고 농사를 지으며, 때로는 싸우기도 하면서 행복하게 살았습니다. 그리고 800년경에 고드프레드 왕이 최초의 덴마크 왕국을 통치하기에 이릅니다. 그와 비슷한 시기에 프랑크 왕국의 카롤루스 대제가 덴마크 사람들에게 시련을 주기 시작했죠. 카롤루스는 800년에 로마 인들의 반란에 맞서 교황 레오 3세를 도와 이탈리아로 진군했으며, 레오 3세는 성탄절에 그를 '로마 인들의 황제'로 대관했습니다. 그때 이미 카롤루스는 유럽의 대부분을 차지하고 있던 제국을 건설했으며, 덴마크도 노리고 있던 참이었습니다.

거대한 제국의 위협을 받았던 작은 나라 덴마크는 공격을 막아낼

방도를 찾아야 했으며, 실제로도 성공하게 됩니다. 덴마크 사람들은 사냥꾼이자 전사인 동시에 어부들로서 육지뿐만 아니라 바다에도 익숙했습니다. 그들은 길쭉하면서도 폭이 좁은 배들을 만들었는데, 이것들은

크기가 커서 거친 바다를 항해할 수 있었으며, 가벼워서 강을 거슬러올라 내륙으로 들어갈 수도 있었습니다. 배에는 약 80명의 병사들이 탈 수 있었는데, 이들은 모두 전사였답니다. 이들은 항해를 하면서 필요에 따라 노를 저었으며, 커다란 칼과 전쟁터에서 쓰는 도끼를 휘두르며 마치 악마들처럼 싸웠습니다. 요즘으로 치자면 스커드 미사일이라고 할 만한 이러한 효율적인 무기들 덕택에 덴마크 사람들은 손쉽게 카롤루스 대제를 물리칠 수 있었습니다.

■ 바이킹의 시대

이러한 항해가 돈벌이가 된다는 사실을 깨달은 덴마크 사람들은 대규모 탐험대를 조직했습니다. 그들은 스칸디나비아의 기나긴 겨울에는 싸우기도 하고 연회를 베풀기도 하며 농장에서 시간을 보냈습니다. 그러나 봄이 오면 긴 배를 띄워 악딜지로 향했습니다.

그들은 노르웨이의 바이킹

들과 함께 스페인의 항구들까지 공격했으며, 노르망디 지역을 정복하게 되는데, 노르망디는 그들의 이름을 따서 부르게 된 것입니다 (북쪽에서 온 사람들, 노스맨, 노르만 족, 노르망디, 아시겠죠?). 그러나 그들의 약탈에 정면으로 맞닥뜨리게 된 것은 다름 아닌 영국인들이었죠. 매년 약탈자들(지금은 이들을 바이킹이라 부릅니다)이 나타나서 눈에 보이는 것은 모조리 가지고 갔습니다(그들 중에서 축구경기장의 난동꾼들, 즉 훌리건은 없었습니다).

바이킹 중에는 북해를 가로질러 고향으로 되돌아오는 춥고 긴 여행이 별로 소득이 없다고 여기는 자들도 생기게 됩니다. 결국에는 이듬해에 또다시 같은 길을 항해해야 했던 것이죠. 그래서 그들은 그냥 집에 머물기로 했습니다. 그들의 전성기였던 11세기경에는 잉글랜드와 노르망디 전역을 다스렸으며, 발트 해 연안의 무역도 장악했습니다.

■ 한편, 고향 덴마크에서는

덴마크는 지역 귀족들의 작은 모임인 팅 thing이 통치한다고 할 수 있었습니다. 팅들의 위에 있는 일종의 거대 팅이 왕을 선출했는데, 왕가의 누구라도 왕이 될 수 있었으므로 갈등이 매우 심했습니다.

■ 하랄 왕의 개종

프랑크의 수도사 안스가르가 최초의 교

푸른 눈의 바이킹에 다루서는
들어봤지만, 푸른 이빨은…
멋지군요.

회를 세워 덴마크 사람들을 개종하기 시작한 9세기 초부터 기독교는 덴마크에 뿌리내리기 시작합니다. 그러나 960년경이 되어서야 푸른 이빨 왕(당시에는 치과의술이 걸음마 단계였습니다)으로 알려진 하랄 왕이 기독교로 개종하여(주된 목적은 덴마크를 침략하려 했던 이웃의 독일을 달래기 위해서였습니다) 덴마크의 국교는 기독교가 됩니다.

■ 바이킹이여 안녕

이 무렵 바이킹의 시대가 막을 내리고 있었습니다. 1066년에 그들은 잉글랜드의 스탬퍼드 다리에서 패하게 됩니다. 그 직후 윌리엄과 노르만 병사들이 브리튼 정복에 성공했습니다. 노르만 사람들은 바이킹의 후손이므로 결국에는 바이킹의 승리로 볼 수도 있겠군요. 글쎄요….

■ 크누트 4세의 피살

덴마크에서는 크누트 1세 사후에 왕위 쟁탈전이 벌어졌습니다. 우여곡절 끝에 1080년에는 크누트 4세가 왕좌에 오르게 됩니다. 그가 세금을 더 많이 거두어들이자, 너나 할 것 없이 불만을 품게 되었습니다(예나 지금이나 똑같죠? 대처 총리 때도 그랬답니다). 1086년에 그는 반란을 일으킨 농민들에게 살해당합니다. 그후 10년 동안 흉년이 계속되자 농민들은 1101년에 그를 성인으로 추대하여 흉년을 극복하려 했습니다.

■ 발데마르 1세, 혼란을 수습하다

그후 수백 년 동안 왕족, 야심에 찬 귀족들, 그리고 당시 상당한 권력을 지니고 있었던 교회가 권력투쟁을 계속합니다.

발데마르 대왕('푸른 이빨 왕'보다는 듣기 좋군요)으로도 알려진 발데마르 1세는 1157년에 왕좌에 올랐습니다. 그는 왕을 선출할 수 있는 팅의 권한을 없애버렸으며, 교회와 왕실 간의 동맹관계를 강화했습니다. 또한 코펜하겐과 같은 새로운 도시들을 건설하여 해안지방의 방비를 강화했습니다. 덴마크는 번성하게 되었으며, 때맞추어 발트 해와 북해지역의 무역을 거의 장악했답니다.

■ 마르그레테의 섭정

발데마르 1세의 뒤를 이어 발데마르라는 이름의 왕들이 연이어 등장했고, 1375년에 발데마르 4세가 죽자, 외손자 울라프를 대신하여 그의 딸 마르그레테가 통치를 합니다. 울라프가 5세밖에 되지 않아 그의 어머니 마르그레테가 섭정을 하게 된 것입니다. 그뒤 가엾은 울라프가 12세의 나이에 갑자기 죽자 마르그레테는 여왕이 되었습니다. 그녀는 여왕의 일을 아주 훌륭하게 해내, 덴마크는 물론 노르웨이와 스웨덴 여왕도 겸하게 됩니다(이것은 스칸디나비아 통일을 위한 최초의, 그리고 가장 성공적인 시도였답니다).

■ 크리스티안 2세의 속임수

덴마크와 노르웨이 왕이었던 덴마크의 크리스티안 2세는 1520년에 스웨덴을 침략하여 스스로 스웨덴 왕이 되었습니다. 그는 은사를 약속하며 대관식에 모든 정적들을 초대하여, 그들을 체포하여 모조리 처형해버렸습니다. 이 사건을 가리켜 '스톡홀름 대학살'이라고 합니다.

크리스티안 2세의 이러한 가장 비기독교적인 행위가 있은 후, 당연히 스웨덴 사람들은 반기를 들게 됩니다. 그들은 구스타프 1세 바사를 자신들의 왕으로 옹립하고, 칼마르 동맹(1397년 6월 스웨덴의 칼마르에서 결성된 스칸디나비아 3국의 통합 동맹. 이 동맹으로 노르웨이, 스웨덴, 덴마크 왕국은 1523년까지 단일 군주가 통치함—옮긴이)에서 탈퇴합니다. 그러나 덴마크와 노르웨이의 동맹관계는 1814년까지 지속되었습니다.

■ 덴마크와 스웨덴의 무승부

후대의 프레데리크 2세는 무력으로 동맹관계를 회복하려 했으나, 7년간의 북방전쟁은 뚜렷한 성과 없이 흐지부지 끝나버렸으며, 덴마크는 이로 인해 더욱 가엾은 신세가 되었습니다.

■ 부지런한 크리스티안 4세

덴마크는 유럽과의 교역 증대 덕택에 이러한 침체에서 벗어날 수 있었습니다. 크리스티안 4세가 즉위할 무렵, 덴마크의 형편이 다시 좋아졌습니다. 덴마크에서 가장 위대한 왕들 가운데 하나인 크리스티안 4세는 과학과 조선술 및 각종 기술들과 같이 현대적인 것이라면 무엇이든지 관심을 보였죠. 그는 멋진 새 건물들을 많이 지어 코펜하겐을 단장했으며, 코펜하겐 대학교와 동인도회사를 설립했고,

크리스티안 4세는 건축물에 관심이 많다는 구먼, 하지만 폴로 경기는 시작하지 말아야 할 텐데 말이야.

효율적인 우편제도를 확립했습니다.

하지만 크리스티안 4세는 해외에서는 그다지 성공을 거두지 못하여 덴마크는 30년전쟁에 휘말리게 됩니다. 그가 편을 잘못 선택하여 덴마크는 엄청난 타격을 받게 되고, 결국 백성들은 세금을 더욱 많이 내야 했습니다. 이로 인해 크리스티안 4세의 체면은 말이 아니었습니다.

■ 끝없는 전쟁

크리스티안 4세의 뒤를 이은 군주들 역시 별로 나을 것이 없었습니다. 이 기간 중에 덴마크는 주로 숙적이었던 스웨덴과 끊임없이 전쟁을 치렀으며, 대개는 별다른 성과 없이 끝났습니다.

■ 미치광이 크리스티안 7세

크리스티안이라는 이름을 가진 또 다른 덴마크 왕 크리스티안 7세는 불안정한 사람이었습니다. 그는 우울과 분노 사이를 오락가락했으며, 자주 술에 취했습니다.

국정은 궁정의사였던 독일인 슈트루엔제가 운영했으며, 그는 왕비의 정부이기도 했습니다. 슈트루엔

밤중에는 궁정의사가 바로 옆에서 대기 중이라요.

제는 많은 개혁조치들을 취했고, 그중 상당수는 꽤나 개방적인 것이었습니다. 하지만 그는 무능하고 거만해서 보수적인 신하들이 곧 반발했으며, 결국에는 덴마크 사람들이 그에게 염증을 느끼게 되었습니다. 1772년에 가엾은 슈트루엔제는 가면무도회에서 체포되어 처형당했습니다.

■ 나폴레옹과 같은 편에 서다

그로부터 얼마 지나지 않아 그 유명한 나폴레옹 보나파르트가 이끄는 프랑스 정부는 대부분의 유럽 국가들과 치열한 전쟁을 치르게 됩니다. 덴마크는 전쟁에 휘말리지 않으려 최선을 다했지만, 결국 양 진영 모두를 자극하고야 말았죠.

1807년의 틸지트 강화조약 체결 후에 러시아는 프랑스와 동맹을 맺었고, 양국의 황제들은 덴마크를 강제로 이 동맹에 합류시키기로 했으며, 또한 덴마크의 항구들을 영국에 맞서 봉쇄시키기로 합의했습니다. 영국이 이 소식을 듣고 대규모 함대와 3만 명의 병력을 코펜하겐에 파견하여 덴마크에 동맹을 제의합니다. 덴마크는 나폴레옹의 계획을 몰랐으므로 영국의 제의를 거절했습니다. 꾸물거리는 법이 없었던 영국의 넬슨 제독은 신속하게 코펜하겐에 포격을 가하여 덴마크 함대를 나포했습니다. 이에 덴마크 사람들은 분노하여 나폴레옹의 편에 서게 됩니다. 잘못된 판단이었죠.

1814년 킬 조약에 따라 덴마크가 노르웨이를 스웨덴에 빼앗긴 것도 대략 이 무렵의 일이었습니다. 덴마크와 노르웨이의 동맹관계가 마침내 깨진 것이죠.

나폴레옹은 이 전쟁에서 패했습니다. 덴마크도 사정은 마찬가지여서 거의 파산 지경에 이르렀습니다. 1830년 무렵이 되어서야 어느 정도 복구하게 됩니다.

■ 한스 크리스티안 안데르센

이보다 더 유쾌한 기록을 살펴보면, 크누트 왕 이후로 세계적으로 이름을 떨친 유일한 덴마크 인이 이때쯤 등장하게 됩니다. 한스 크리스티안 안데르센은 1805년에 오덴세라는 한 작은 도시에서 그가 쓴 동화 속의 주인공과 마찬가지로 구두 수선공의 아들로 태어났습니다. 그는 성장하여 소설과 희곡을 썼으나,

안데르센 선생님,
선생님께서
우리에 관한 이야기를
쓰셨다고 들었어요.

〈미운 오리새끼〉와

같은 동화들로 명성을 얻게 됩니다. 안데르센은 국내보다는 해외에서 더욱 인기가 높았는데, 그래서 여행을 많이 다녔는지도 모르죠. 그는 성격이 소심하여 낯선 호텔에서 지내다가 불이 나도 탈출할 수 있도록 밧줄을 가지고 다녔다고 합니다.

안데르센 선생님
올라오세요.
주방장이 토스트를
태웠을 뿐인 걸요.

■ 평화와 진보

1849년에 프레데리크 7세는 덴마크를 유럽에서 가장 민주적인 나라로 만든 헌법에 서명했습니다. 이 헌법에는 언론의 자유, 신앙의 자유 및 시민적 자유가 보장되어 있었습니다.

그러나 덴마크 어를 사용하는 슐레스비히와 독일어를 사용하는 홀슈타인, 이 두 공국과 관련된 분쟁이 기다리고 있었습니다. 슐레스비히와 홀슈타인이 독일에 속하기를 원했던 주민들도 있었으며, 일부 주민들은 독립하기를 바랐습니다. 두 차례의 치사한 전쟁 끝에 덴마크는 이 두 공국을 독일에 빼앗기게 되죠.

이 무렵에는 유럽의 다른 나라들과 마찬가지로 덴마크에서도 사회주의 사상이 퍼져나가고 있었습니다. 1871년에는 루이스 피오가 벽돌공들의 파업을 주도하려다가 5년형을 선고받게 됩니다. 그럼에도 불구하고 노동자들은 계속 노조를 결성했습니다. 1901년에는 비밀투표제의 도입과 더불어 진정한 의회민주주의 시대가 도래했고, 1905년에는 '급진좌파'라는 단체가 여성에 대한 투표권 부여와 같은 당시로서는 가망 없는 생각을 하고 있었습니다.

■ 득점 없음

덴마크는 용케도 제1차 세계대전을 비껴갈 수 있었으며, 심지어는 전쟁이 끝나자 슐레스비히-홀슈타인의 일부를 되찾을 수 있었습니다.

■ 폭풍 전야의 평화

제1, 2차 세계대전 사이의 기간 동안에 진보와 보수와의 갈등이 계속됩니다. 실업률은 높고, 파업과 시위가 줄을 이었는데 총파업이 한 달 동안 지속되기도 했죠. 그러다가 조금씩 경제사정이 나아졌으며, 복지국가의 출범과 더불어 여러 개혁조치들이 단행되었습니다.

■ 히틀러에게 중립이란 없다

1939년에 제2차 세계대전이 발발하자, 덴마크는 제1차 세계대전 때와 마찬가지로 전쟁을 피해가려 애썼습니다. 그러나 이번에는 어쩔 수가 없었죠. 히틀러는 노르웨이를 손에 넣으려 마음먹고 있었는데, 덴마크가 방해가 되었던 것입니다. 독일군이 덴마크 국경에 도착한 가운데, 히틀러는 덴마크로서는 거절하기 힘든 제안을 합니다. 덴마크가 독립을 유지하면서 독일의 군사기지가 되든지, 아니면 코펜하겐, 경우에 따라서는 덴마크 전체가 포격으로 폐허가 되든지 선택하라는 것이었습니다. 병력이 절대적으로 열세였던 덴마크로서는 선택의 여지가 없었습니다. 결국 덴마크는 독일 군대를 받아들이기로 합니다.

일단 덴마크와 독일은 어색한 휴전상태를 유지합니다. 전쟁이 계속되고 전세가 독일에 불리하게 전개되자 분개한 덴마크 사람들은 점차 저항했으며, 초조해진 나치 독일은 덴마크에 대한 지배를 강화합니다.

독일에 반대하는 일련의 파업이 발생한 후, 나치는 덴마크의 국정 운영을 넘겨받게 됩니다. 유럽의 다른 나라들에서 그랬던 것처럼 나치는 유대 인 검거부터 시작합니다. 분노한 덴마크 사람들은 이에 저항했으며, 덴마크에 살고 있던 유대 인 6,000명 중에서 5,000명 이상을 안전하게 지낼 수 있도록 중립국 스웨덴으로 몰래 보냈습니다. 덴마크의 저항 조직들은 철도를 파괴했으며, 코펜하겐에서 파업을 조직했습니다. 독일과의 휴전은 끝이 났고, 상황은 험악해지기 시작했습니다. 덴마크의 전체 경찰 병력이 쫓겨나게 되고, 그 자리를 나치의 부역자들이 차지했습니다. 덴마크 레지스탕스 전사들은 붙잡히면 총살을 당했습니다.

그러나 시간이 흐를수록 간악한 나치들이 불리해집니다. 1945년에는 덴마크에 주둔해 있던 독일군이 몽고메리 원수에 항복을 하게 됩니다. 덴마크는 독일 군대에 점령을 당했으나, 전투를 치르지 않고도 자유를 되찾았습니다.

■ 1945년 이후

독일이 항복한 후에 자유정부가 수립되었습니다. 1949년에 덴마크는 전통적인 중립을 포기하고 북대서양조약기구에 가입했으나, 핵무기 반대 입장은 당시에도 여전히 확고했습니다.

■ 충격의 1960년대

덴마크 사람들은 1960년대에 모든
형태의 검열을 철폐하여 세계를
당황케 만들었습니다(영국의 몇
몇 포르노 반대 운동가들은 용감하
게도 덴마크로 건너갔으나, 나머지 사
람들을 대신하여 충격과 혐오감을 느
낄 뿐이었죠). 스웨덴의 잉마르 베리
만 감독의 작품을 검열하여, 영국의

영화관에서는 〈진료 중인 덴마크 치과의사〉와 같은 걸작들이 심하
게 검열된 상태로 상영되었습니다.

■ 유럽 공동체에 가입하다

덴마크는 1973년에 국민투표를 실시하여 유럽 공동체(EC)에 가
입했습니다. 덴마크가 스칸디나비아 국가들 중에서는 유일한 회원
국이었답니다.

■ 모겐스의 진보당

1970년대에는 모겐스 글리스트럽이 이끄는 진보당이 등장합니
다. 진보당의 강령은 간단했습니다. 대폭적인 세금 인하였죠!(만
세!) 그는 덴마크 군을 모두 없앰으로써 감세로 발생한 부족분을 보
충할 것이라고 했습니다. 군을 없애고 그 자리에 러시아 어로 '항
복!' 이라는 전화 음성 메시지를 녹음해둘 것이라는 거죠. 이 직후에

모험적인 성격의 글리스트럽은 탈세 혐의로 체포됩니다. 그는 석방되자 세금 컨설턴트로서 사업을 시작하고, 이후 정계에 복귀합니다. 언젠가는 제가 그에게 표를 줄지도 모르겠군요.

■ 폴 슐루터 수상의 취임

1982년에 폴 슐루터는 20세기 들어 첫 보수당 출신의 수상이 됩니다. 그는 여러 다양한 정당들로 구성된 연립내각을 이끌게 되지요. 유럽의 다른 정부들과 마찬가지로 슐루터 정부도 경기침체 때문에 덴마크의 유명한 사회보장제도를 포함한 공공부문의 지출을 줄여야 했습니다.

다른 나라들과 마찬가지로 전후의 덴마크 역시 나름의 경제문제들이 있었으나, 덴마크는 여전히 유럽연합 회원국들 중에서 가장 부유한 나라입니다.

덴마크의 성적표

 음식 : 6점　훈제 연어, 소금에 절인 청어, 뱀장어, 가자미, 대구 등 생선을 이용한 요리가 다양해서 생선을 좋아한다면 괜찮은 편입니다. 또한 덴마크 사람들은 스모블로우를 무척 좋아하죠. 스모블로우란 오픈 샌드위치로서 호밀흑빵 조각에다가 위에 열거된 생선들의 일부(혹은 전부)를 냉육, 버섯, 오이, 피클 따위와 함께 얹어 내놓는 것이랍니다(바이킹들이 튼튼하게 자랐던 데는 다 이유가 있었군요).

덴마크는 무척 좋지만,
소금에 절인 청어는
끔찍한걸.

덴마크는 라거 맥주가 유명하며, 투보르그와 칼스버그는 우리가 익히 알고 있는 맥주회사죠. 독한 술에는 아카비트라는 것이 있는데, 무색으로 그리 독해 보이지는 않지만 막상 마시면 너무 독해서 머리가 깨질 정도이며 살아남는다면 그것은….

🎵 **문학과 예술 : 6점**　다른 스칸디나비아 사람들과 마찬가지로 덴마크 작가들도 특이한 언어(말이 난 김에, 바로 이 때문에 거의 모든 스칸디나비아 사람들이 영어를 구사할 수 있으며, 영어를 사용해야만 합니다) 때문에, 그들의 작품을 세계의 다른 지역 사람들이 접해볼 기회가 별로 없었습니다. 안데르센과 이자크 디네센이라는 필명으로 작품활동을 했던 덴마크 귀족 출신의 카렌 블릭센 정도가 이름을 얻은 경우입니다. 그녀의 소설 《아웃 오브 아프리카》는

메릴 스트립 주연의 영화로 제작되어 세계적으로 주목받게 됩니다.

경치 : 8점　　멋진 해변과 바위가 많은 해안선으로 이루어져 있어 매우 아름답습니다. 덴마크 어디를 가든지 바닷가가 가깝죠. 덴마크는 유럽과 스칸디나비아 국가들을 이어주는 역할을 하기도 하지만, 조그마한 섬들이 모여서 나라를 이루고 있기도 하지요. 내륙에는 숲과 완만한 공원지대가 있습니다.

정치 : 9점　　불안한 출발(바이킹의 약탈 등)을 보인 후에 왕, 말썽 많은 귀족, 야심만만한 성직자들이 매일매일 다투었습니다. 그러다가 사회보장, 개인의 자유와 반핵 및 중립정책에 역점을 두는 모범적인 사회민주주의 체제가 뿌리를 내렸죠. 소금에 절인 청어를 맛봐야 하지만, 덴마크보다 더 살기가 나쁜 곳들도 많습니다.

국민성　　덴마크 국민들은 민족적 긍지와 전통에 대한 자부심이 크답니다. 비록 1,000년 전의 일이긴 하지만, 덴마크는 한때 국제 리그의 선두자리를 차지했던 적도 있었죠. 덴마크 사람들은 근엄한 스칸디나비아의 이웃 나라 사람들보다 자신들이 더 마음씨 좋고, 재치가 있으며, 세련되었다고 자랑합니다. 그나저나 덴마크에는 노르웨이 사람들과 관련된 우스갯소리들이 있다는 사실을 여러분은 알고 계세요? 여기에 그중 하나를 소개하죠. "왜 노르웨이 사람들은 토요일 밤만 되면 세탁기 속에 머리를 집어넣을까요?"

"그야 '비누(SOAP)'를 구경하려고 그러는 거지 뭐!"(〈SOAP〉은 미국의 시트콤 제목입니다. 무슨 말인지 아시죠?) 음, 너무 깊이 생각하지는 마시길….

3장 격정의 프랑스

프랑스는 영국과 가장 인접한 나라입니다. 물론, 스코틀랜드, 웨일스, 아일랜드는 별도로 생각해야겠죠. 오랫동안 프랑스는 영국의 숙적이기도 했습니다.

애국심이 무척 강한 프랑스 사람들이 그들의 조국을 사랑하는 것은 당연합니다. 프랑스 사람들은 프랑스를 아름다운 여성으로 여기기도 하죠. 그들은 프랑스를 라 파트리(La Patrie, 조국이라는 뜻−옮긴이) 혹은 라 벨 프랑스(La Belle France, 아름다운 프랑스라는 뜻−옮긴이)라고 하거나, 더 젊고 아름답게 의인화시켜 마리안Marianne이라 부르기도 합니다.

프랑스 사람들이 자랑거리가 많은 것은 당연합니다. 프랑스는 땅덩이가 넓고 아름다운 나라로서 훌륭한 음식과 멋진 포도주로도 유명하거든요. 프랑스의 면적은 영국의 거의 3배에 이르지만 인구는 영국의 2/3에 불과하답니다. 프랑스의 역사는 유구하므로 어디서부터 시작해야 할지 난감하군요.

■ 카롤루스 대제

AD 768년에 카롤루스라는 전설적인 인물이 지금의 유럽에 해당하는 넓은 땅덩이를 다스리는 황제가 되었습니다. 그렇지만 당시에는 민족과 국경이 지금과는 사뭇 달랐으므로, 카페 왕조부터 살펴보도록 하겠습니다.

■ 위대한 카페 왕조

프랑스 최초의 왕조는 카페 왕조로서 카페 왕가의 사람들은 341년 동안 프랑스 왕의 자리를 차지했는데, 이는 뮤지컬 〈쥐덫〉 공연 기간보다 훨씬 더 긴 것입니다. 그때 당시로 되돌아가보면, 왕이 된다는 것은 그저 바자회를 열고, 폴로를 즐기며, 현대 건축에 대해 이야기하는 문제만은 아니었으며, 한눈을 판다는 것은 왕의 자리에서 쫓겨남을 의미했습니다. 굳이 비유하자면, 차라리 그것은 복싱 헤비급 챔피언이 되는 것에 더 가까웠다고 할 수 있죠. 타이틀은 지킬 수 있는 기간만큼만 보유할 수 있었으며, 언제나 강력한 도전자들로 넘쳐났습니다. 진짜 조심해야 했던 사람들은 가장 가까운 혈육들이었죠. 왕좌를 요구할 권리를 가진 자는 누구든지 왕을 쓰러뜨리고 왕좌를 차지하려 할 가능성이 매우 높았답니다. 현명한 왕은 안전하게 권좌에 오르는 즉시 나머지 가족들을 제거함으로써 자신의 목숨을 부지하는 길을 택했습니다.

왕이 되려면 팔이 억세고 살갗이 두터워야 했으며, 뒤통수에도 눈이 달려야 했습니다. 이외에도 왕이 필요로 했던 것이 하나 있었는데, 그것은 아들, 즉 왕의 자리를 물려줄 남성 후계자였습니다. 여자아이들은 무시되었죠. 이 시기는 남성 우월주의 시대였습니다. 왕조 역사상 최장수 왕들의 시기에 주목할 만한 사건들을 살펴봅시다.

■ 첫번째 왕 위그 1세

위그 카페는 987년에 스스로를 왕으로 공표하여 여전히 백작과 공작에 불과했던 다른 귀족들의 약을 올렸습니다.

"누가 당신을 왕으로 만들어주었습니까?" 유난히 반항적이었던 어느 백작이 물었습니다.

"그럼 그대를 백작으로 만들어준 사람은 누구인가?"라고 위그 1세는 응수하며 백작의 말을 쳐 그를 말에서 떨어뜨렸습니다.

"폐하, 훌륭한 지적이십니다"라며 그 백작은 스스로 일어났습니다. 위그 1세는 이와 같은 논쟁을 활용함으로써 왕좌를 유지했으며, 그의 아들인 경건왕 로베르가 왕위를 계승하게 됩니다.

■ 경건왕 로베르

로베르는 위그 1세에 비해 온건한 인물로서 친절하고 동정심이 있었으며, 음악과 문학을 사랑했습니다. 그는 항상 책을 가지고 여행을 다녔으므로 최초의 이동식 도서관은 그가 발명한 셈입니다.

■ 앙리 1세 만세!

로베르 다음으로 태평성대를 간절히 원했던 앙리 1세가 왕이 되지만, 반항적인 공작과 백작들이 끊임없이 그를 괴롭힙니다. 그들은 앙리 1세에 맞서지 않을 때에는 자신들끼리 다투었습니다. 상황이 지나치게 험악해지자 교회에서는 일시적 사투 중지령(the Truce of God)을 발표하여 목요일 저녁부터 월요일 아침까지 싸움을 금지시켰다고 합니다. 긴 주말을 만든 것은 영국인이 아니라 프랑스인들이었음을 입증해주는 것이죠. 그들은 여기에 축제일, 강림절, 사순절을 더했으며, 싸움은 1년에 3개월 동안만 허용했는데, 이는 축구 시즌보다도 더 짧은 것입니다. 루스 타임도 적용했을까요?

■ 윌리엄이 잉글랜드를 정복하다

앙리 1세의 동맹자들 가운데는 마왕 로베르라고 하는 골칫거리가 있었는데, 그는 노르망디 공작이었습니다. 1035년에 로베르가 노르망디 공국을 8세짜리 사생아 윌리엄에게 물려주고 죽자, 윌리엄의 삼촌과 사촌들은 어리고 가엾은 윌리엄을 해치려고 합니다. 가족회의를 한 셈이군요! 그러나 어린 윌

리엄은 이러한 상황을 이겨내고 용맹스런 전사로, 뛰어난 지도자로 성장했으며, 자신의 아버지보다 훨씬 씩씩한 사나이가 되었습니다.

일단 친척들을 제거하고 자신의 공국을 확실히 장악하게 되자, 윌리엄은 다소 벅찼던 잉글랜드 왕의 자리를 차지하려고 애쓰기 시작했습니다. 1066년, 모든 사람들이 기억하는 날에, 노르망디 공 윌리엄은 잉글랜드를 침략하여 스스로 왕이 됩니다. 이 사건으로 그의 이미지는 완전히 바뀝니다. 사람들은 그를 더 이상 서자왕 윌리엄이 아니라 정복왕 윌리엄이라 부르게 됩니다.

■ 루이 7세의 즉위

정복왕 윌리엄 이후에 프랑스 왕이 몇 명 더 있었는데, 이런저런 이유로 그들 가운데 상당수가 루이로 불린 듯합니다. 그들 중 한 사람인 루이 7세는 얌전하면서도 공부하기를 좋아하는 부류였답니다. 그랬기 때문에 루이 7세는 아키텐 공작의 상속자였던 활달한 성격

아기가 처음으로 말을 했어요!

의 왕비 엘레오노르와 사이가 좋지 않았는지도 모르죠. 왕비는 공주 둘을 낳았는데도 별 소용이 없었습니다. 중요한 것은 왕자였거든요. 그래서 루이 7세는 그녀와 이혼을 합니다. 엘레오노르가 당시의 노르망디 공작—당연히 잉글랜드 왕위 계승자였죠—과 재혼하자, 그는 기분이 썩 좋지 않았습니다.

정당한 절차에 따라 그 노르망디 공작은 잉글랜드의 헨리 2세가 되었습니다. 이것은 잉글랜드 왕비가 이전에는 프랑스 왕비였다는 것을 의미하며, 엄청나게 복잡한 국제적인 왕실 분쟁의 불씨가 됩니다. 왕실을 다룬 연속극인 셈이죠.

■ 카페 왕조의 전성기를 연 필리프 4세

잘생겼던 필리프 4세는 단려왕 필리프로 불렸습니다. 필리프의 치세 중에 가장 중요한 사건은 1302년의 삼부회 소집입니다. 이것은 일종의 초기 의회라고 할 수 있죠. 삼부회는 성직자와 귀족, 평민들로 구성되었는데, 평민들은 제3신분이라 불렸습니다(여기에서 평민이란 지금의 중산층에 해당합니다. 당시에는 진짜 평민들에게 의결권을 주는 것과 같은 미친 짓은 감히 상상조차 할 수 없었죠).

삼부회는 온갖 특혜를 누렸습니다. 삼부회 의원들은 국왕이 제안한 의제에 한하여, 그것이 어떤 것이든간에 토의를 할 수 있는 권리

를 지녔습니다. 또한 그들에게는 국왕에게 건의를 할 수 있는 권리
가 있었습니다. 반면 국왕은 마음이 내키지 않으면 삼부회 의원들의
건의를 완전히 무시할 수 있는 권리가 있었으며, 아무런 조치를 취
하지 않아도 되었습니다.

■ 뜻밖의 죽음을 맞이한 루이 10세

루이 10세의 치세는 2년에 불과합니다. 그는 어느 더운 날 신나게
공놀이를 한 후에 숨을 거둡니다. 열기를 식
히려 서늘한 지하실로 내려간 루이
10세는 포도주를 너무 많이 마셨
고, 그의 몸은 영원히 식어버리
게 되었던 것이죠. 따지고 보
면 그렇게 슬픈 최후만은 아니
었다고 할 수 있겠군요.

음, 이제 확실히 죽어서
몸이 싸늘해졌군.

■ 유복자왕 장 1세

루이 10세의 아들 장이 태어나자마자 잠시 왕위에 올랐는데, 장 1
세는 태어난 지 불과 며칠 만에 죽게 됩니다. 그러자 루이 10세의 동
생이며 푸아티에 백작이기도 한 필리프 5세가 사나이의 눈물을 훔
치며 잽싸게 왕좌를 차지하게 됩니다.

■ 여성을 우습게 생각한 필리프 5세

여성들을 우습게 생각했던 필리프 5세가 첫번째로 취한 조치는

죽은 형 루이 10세의 딸이자 자신의 조카 잔의 이의 제기를 잠재우는 일이었습니다. 그는 삼부회를 소집하여 여성은 토지를 상속받을 수 없다고 규정한 살리카 법전의 조항에 호소했습니다. 삼부회는 필리프 5세의 주장이 매우 타당하다(말도 안 되는군요!)는 결정을 내리고 잔은 얼마간의 돈과 연금을 받고 쫓겨나게 되죠. 이때 잔의 나이가 불과 4세였으므로, 여행을 마음대로 다닐 수 없긴 했지만 그녀는 역사상 최연소 연금수령자가 된 셈입니다.

■ 발루아 왕조의 필리프 6세

필리프 6세는 전쟁에 몰두했으나, 전쟁 솜씨가 썩 좋지는 못했습니다. 그는 플랑드르의 루이를 설득하여 잉글랜드 상인들을 체포하게 함으로써 잉글랜드의 에드워드 3세에게 싸움을 걸었습니다. 이일 때문에 전쟁이 시작되었고, 이 전쟁은 100년 동안 싸우고 중단하기를 반복하여 백년전쟁으로 불리게 되었습니다.

■ 현명왕 샤를 5세

잉글랜드 침략군을 초토화 작전으로 무찌른 사람은 샤를 5세입니다. 샤를 5세의 초토화 작전은 농작물을 몽땅 태워서 침략군의 군량을 없애버리고, 그들이 지쳐서 철수할 때까지 성 안에서 꼼짝하지 않는 것이었답니다(이렇게 하면 마찬가지로 먹을거리가 없는 프랑스의 농부들에게는 좀 가혹하지만, 누가 그들에게 신경이나 썼겠어요?). 시간이 지남에 따라 잉글랜드의 프랑스 점령지는 줄어들어 마침내 칼레 항구만 남게 됩니다. 적어도 잉글랜드는 도버 해협을 오가는 나룻배는 계속 장악하고 있었던 것이죠!

■ 샤를 7세와 잔 다르크

잉글랜드와의 전쟁에서 출발은 불안했으나, 샤를 7세는 잔 다르크라는 한 소녀에게서 뜻밖의 도움을 받게 됩니다. 하나님이 자신 안에 내재하고 있다고 믿었던 시골 소녀에 고무되어 프랑스는 일련의 승리를 거둘 수 있었습니다. 비록 잔 다르크는 배신을 당해 잉글랜드에 붙잡혀 화형을 당했지만, 그로부터 몇 년 동안 그녀는 침략자에 맞선 프랑스 인들의 저항정신을 고취시키게 됩니다.

■ 이탈리아를 사랑한 샤를 8세

샤를 8세는 이탈리아를 지나치게 사랑한 나머지 정복하기로 마음먹었습니다. 그는 용케도 나폴리를 점령했으나, 성난 이탈리아 사람들에게 쫓겨 프랑스로 되돌아오게 됩니다. 운동을 무척 좋아했던 그는 테니스 경기를 구경하려고 급히 서두르다가 낮은 출입구에 머리를 심하게 부딪혀 죽었습니다(출입구를 높이든지, 왕들이 키가 작았으면 문제가 없었을 텐데 말이죠).

테니스의 그랜드 슬램

■ 종교전쟁

샤를 9세는 불과 10세의 나이에 왕이 됩니다. 그는 종교전쟁 때문

에 통치에 어려움을 겪게 되죠. 해묵은 구교
도와 신교도(위그노 교도)들 간의 갈등이
이미 커지고 있었으며, 1572년에는
기즈 공 프랑수아의 추종자들이 찬송
가를 부르던 위그노 교도들을 학살했
습니다. 우리는 이 내전을 '종교전쟁'
이라고 부릅니다. 프랑스 사람들은 오랫
동안 종교적인 이유로 서로를 죽이느라
다른 나라와는 전쟁할 겨를이 거의 없었습니다.

■ 부르봉 왕가의 앙리 4세

앙리 4세는 미남이며 용맹스럽고 정력적인 왕이었습니다. 위그노
교도들에게 신앙의 자유를 부여하여 종교 화합에 힘썼으며, 프랑스
의 어려운 재정 형편을 개선시키기 위해 노력했습니다. 그는 프랑스
에 평화와 번영을 되찾아주었으며, 도로와 궁전, 운하를 건설했고,
오스트리아와 스페인과도 전쟁을 치렀습니다. 그의 후궁이 56명이
었다는 점을 감안한다면, 정력은 말할 것도 없거니와 시간은 어떻게
할애할 수 있었는지 놀라울 따름이죠.

■ 《삼총사》의 배경이 된 루이 13세 시대

루이 13세는 8세의 나이로 권좌에 올랐으므로, 그의 어머니 마리
드 메디시스가 섭정을 하게 됩니다. 그녀는 뚱보에다가 어리석기까
지 해서 프랑스는 곧 혼란에 빠집니다. 15세가 될 무렵 루이는 숙제

와 방청소하라는 어머니의 잔소리가 지겨워졌습니다. 그는 10대의 반항심으로 왕권을 잡고서 어머니를 유폐시켜버렸습니다. 그는 곧 (《삼총사》에 등장하는) 교활한 리슐리외 추기경을 왕실회의 의장으로 임명합니다. 루이 13세는 여전히 저항하고 있던 위그노 세력을 무찌릅니다. 반란 귀족세력의 성들은 잿더미가 되었으며, 그들은 참수당했습니다.

한편 이 시기에 예술이 발전했고, 아카데미 프랑세즈가 설립되었으며, 위대한 화가와 작가들이 배출되었죠. 알렉상드르 뒤마의 장편 소설 《삼총사》도 바로 이 시기가 배경이 된 작품이랍니다.

■ 베르사유 궁전을 축조한 루이 14세

태양왕 루이 14세는 프랑스의 모든 왕들 중에서 가장 위대하고 뛰어난 왕이었습니다. 루이 14세는 육군과 해군을 정비하고 확충하여 30년이 넘게 네덜란드, 스페인, 잉글랜드와 전쟁을 치렀으며, 전쟁의 성과는 각 나라별로 달랐습니다.

루이 14세는 최후의 진정한 절대군주이며, 왕 중의 왕이요, 거대하고 화려한 궁전의 중심에 있었고, 유럽을 통틀어 가장 화려하고 웅장한 베르사유 궁전을 지었습니다.

하지만 많은 프랑스 시민들은 불만을 품고 있었으며, 상당수는 실제로 굶주림에 시달렸습니다. 루이 14세의 큰 실책은 프랑스의 궁핍한 재정문제를 해결하지 않은 데 있었습니다. 이러한 그의 실정은 루이 14세 자신보다는 그의 후계자들에게 더욱 치명적이었죠.

루이 15세의 재위기간은 길었고 이렇다 할 만한 점은 없었으며,

이때 프랑스는 안팎으로 어려움에 직면하게 됩니다. 루이 15세 이야기는 재빨리 건너뛰고, 프랑스 혁명에 대해 알아보도록 합시다.

■ 프랑스 혁명의 막이 오르다

루이 16세는 대부분이 루이로 불렸던 부르봉 왕가의 여러 역대 왕들 중에서 마지막 루이 왕이 됩니다. 그는 왕위와 더불어 많은 문제점도 함께 물려받았습니다. 경제의 침체로 일자리가 줄어들었으며 빵값은 치솟고 있었습니다. 게다가 무척 생소하고도 새로운 사상들(자유, 평등, 그리고 박애죠? 이외에는 어떤 것이 있죠?)이 퍼지기 시작했습니다. 제1신분과 제2신분인 성직자와 귀족들 사이에서는 그런 생각들이 퍼지지 않았습니다. 그들은 현상유지를 원했죠. 하지만 중산층이었던 제3신분의 불만은 점점 커지고 있었답니다.

여러분의 생각과는 달리, 프랑스 혁명을 일으키고 지속시켰던 사람들은 난을 일으킨 농민들이 아니라 요즘 식으로 말하자면 프랑스 혁명의 주체는 의사, 변호사, 회계사들이었죠(이들처럼 교외에 사는 부류들이 화가 나면 극악무도해지는 법입니다).

마음씨는 좋았으나 소심하고

하나님! 할아버지 루이 왕,
아버지 루이 왕, 형 루이 왕,
삼촌 루이 왕을 축복해주세요.

나약했던 루이 16세는 부족한 재원을 토지세를 거두어들여 충당하려 했습니다. 이것은 결국 오늘날로 말하자면 인두세를 거둬들인 꼴이 되어 사람들의 반발을 샀습니다.

토지의 대부분을 소유하고 있던 귀족계급은 그 이전에는 세금을 낸 적이 한 번도 없었으며, 당시에도 세금을 낼 생각이 전혀 없었답니다. 귀족들과 토지를 나누어 가졌던 성직자계급 역시 세금을 물어야 했으나, 자신들이 내고 싶은 만큼만 냈죠. 일종의 귀족들의 반란으로 그들이 토지세 징수를 거부하자, 궁지에 몰린 루이 16세는 삼부회를 소집합니다.

■ 프랑스 혁명과 기요틴

때는 흉년이 든 해의 추운 겨울이었으며, 예년과 마찬가지로 가난한 사람들은 굶주리고 있었습니다. 삼부회는 루이 16세의 사냥을 방해하지 않기 위해 베르사유 궁전에서 개최되었습니다. 제3신분인 평민계급은 이전처럼 삼부회가 신분별로 따로 모일 것이 아니라 같이 모일 것을 요구했습니다. 또한 그들은 개혁을 요구했는데, 특히 귀족들과 성직자들의 특권을 줄여야 한다고 주장했습니다. 루이 16세는 이들의 요청을 하나도 받아들이지 않았으며, 해산하여 다시 집으로 돌아가라는 명령을 내립니다. 진보적인 귀족들과 성직자들이 평민계급과 합세하자 루이 16세는 겁을 먹고 귀족들과 성직자들에게 제3신분과 합류해 헌법 제정 국민의회를 구성하라는 명령을 내렸습니다. 혁명이 진행 중이었던 것이죠.

■ 바스티유 감옥의 함락

파리에서는 삼부회 대의원들이 정부를 구성하여 권력을 장악하려 했습니다. 무기와 탄약을 찾아 헤매던 군중들이 바스티유라고 하는 요새 감옥을 습격했으며, 바스티유의 함락으로 도처에서 혁명군이 봉기합니다(찰스 디킨스의 《두 도시 이야기》를 읽어보세요).

마치 도망치는 마차와도 같이 프랑스 혁명은 요란한 소리를 내고 있었습니다. 봉기와 소요사태가 프랑스를 휩쓸고 있는 동안 삼부회 대의원들이 파리를 장악했습니다. 파리와 다른 지역에서는 빵을 요구하는 폭동이 일어나게 됩니다. 먹을 빵이 없어서 폭동이 일어난 것이죠(마리 앙투아네트 왕비는 퉁명스럽게 "빵이 없어? 그럼 케이크를 먹으면 되잖아!"라고 말했다죠). 한편 국민의회는 표결을 통해 봉건제도를 폐지했습니다. 봉건제도란 국왕 밑의 귀족들이 통치를 하는 구제도를 말합니다. 국민의회는 '인간과 시민의 권리선언'을 채택합니다.

귀족계급은 이 선언을 달가워하지 않았습니다. 그들 중 상당수가 망명을 가게 되는데, 이는 결과적으로 현명한 처신이 됩니다. 이후 국민의회는 본격적으로 과업에 착수하여 교회의 토지를 국유화시켰으며, 교회를 일종의 관청으로 바꾸어버렸습니다. 이에 주교들이 발끈하게 되죠.

사태가 심각해지자 루이 16세는 가족과 함께 외국으로 탈출하려 했으나 모두 붙잡히게 됩니다. 성난 군중들은 그들이 붙잡혀 있던 튈르리 궁전을 습격했습니다. 루이 16세를 지키던 스위스 출신 호위병들이 떼죽음을 당했으며, 왕족들은 감옥에 갇혔습니다.

■ 왕조의 최후

뒤이어 군주제도가 정식으로 폐지되어 루이 16세는 그저 '시민 카페'로 불리게 됩니다. 1793년 1월 21일에 루이 16세는 파리의 혁명광장에서 처형되었는데, 의사 기요탱이 새로 고안한 기요틴이라는 편리한 단두대가 이용되었습니다(이 장치로 기요탱이 훌륭한 의사라는 명성을 얻게 되었음이 틀림없습니다. 그래서 더욱 많은 사람들이 처형을 당하게 되어 기요틴을 대량 생산해야 했습니다. 후일에는 기요탱 역시 자신이 발명한 기요틴으로 처형당하게 됩니다).

한편 유럽의 다른 나라들은 예외 없이 국왕이 통치하고 있었으며, 프랑스에서와 같은 사태가 발생하지나 않을까 전전긍긍하게 됩니다(자유, 평등, 박애란 당시로선 말도 안 되는 소리였죠). 오스트리아, 네덜란드, 프로이센, 스페인, 그리고 영국은 프랑스에 맞서서 동맹을 맺었습니다. 곧 선전포고가 뒤를 잇게 됩니다.

■ 공포정치

전쟁으로 프랑스 혁명가들은 더욱 마음을 다잡게 되고, 한층 무자비해집니다. 파리에서만 마리 앙투아네트 왕비를 비롯하여 2,000명이 단두대의 이슬로 사라졌습니다. 프랑스 전역에서는 이보다 더 많은 사람들이 처형되었습니다. 단두대가 부족하면 즉석에서 만들었으며, 사형수들을

파리에서 2,000명이 기요틴으로 처형되었지.
기네스 북에 올라도 손색이 없겠어!

총살시키거나 익사시키기도 했습니다.

이내 혁명위원회의 사냥감이 바닥나기 시작했습니다. 그들은 대부분의 귀족들을 이미 사냥해버렸죠(스칼렛 핌퍼넬이 목숨을 구해준 귀족들도 있었지만 말이죠). 그리하여 그들은 피에 굶주린 상어들처럼 서로를 공격하기 시작합니다. 위대한 혁명지도자 당통이 그의 정적이었던 로베스피에르의 명령으로 체포되어 처형됩니다. 분명히 이와 같

핌퍼넬이 지금 우리를 구출해주면서 초강력 접착제를 가져오면 좋으련만…

은 사태가 지속되어서는 안 되었습니다. 이러다가는 기요틴을 작동시킬 사람조차 남아나지 않을 형편이었죠.

혁명위원회는 지나치게 앞서간다는 소리를 들었고, 새 헌법이 제정되었으며, 국민의회가 해산되고 총재정부 체제가 들어서게 됩니다. 이 모든 변화로 인해 파리에서는 폭동이 일어났습니다. 폭동을 무자비하게 진압한 사람이 바로 나폴레옹 보나파르트라는 청년 장군이었습니다.

■ 나폴레옹의 등장

나폴레옹은 코르시카 섬 출신입니다. 용감한 군인이자 뛰어난 행정가에 탁월한 정치가였던 청년 나폴레옹은 출세가도를 달리고 있었으며, 그가 어떤 위치까지, 그리고 얼마나 빨리 도달할 것인지는 당시에 아무도 몰랐습니다. 작은 키에 검은 머리, 그리고 정력적이

었던 나폴레옹은 배를 긁는 버릇이 있었습니다. 얼마 지나지 않아 그를 대부와 비교해보면 대부가 좀도둑으로 보일 만큼 성장하게 됩니다.

당시 프랑스는 모든 나라들과 전쟁을 하고 있었으며, 나폴레옹은 이탈리아 원정에서 첫 승리를 거두게 됩니다. 그후 그는 이집트로 배를 타고 출정하여 영국군을 공격합니다. 그는 몰타를 점령했으나, 나일 강 전투에서 넬슨에 패하여 대부분의 함대를 잃게 됩니다. 그리고는 나폴레옹의 활약에도 불구하고 프랑스 군이 이탈리아에서 또다시 패하고 있다는 소식이 들려옵니다. 나폴레옹은 프랑스로 향했습니다.

■ 1799년, 통령 정부의 수립

곧 나폴레옹은 3명의 로마식 통령 가운데 한 사람으로 지명되어 프랑스를 다스리게 됩니다. 그러나 나폴레옹은 통령이 3명까지는 필요 없다고 생각했습니다. 나머지 두 사람은 로제 뒤코와 시에예스(시에예스가 누구죠?)였는데, 혹시 이 두 사람 이름 들어본 적 있나요? 얼마 지나지 않아 이 두 사람은 사라지고, 나폴레옹이 종신 제1통령에 오르게 됩니다.

■ 프랑스의 재정비

역사상 가장 위대한 개혁가가 프랑스를 정비하기 시작했습니다.

프랑스 전 지역의 지사, 군수 및 시장들이 중앙 집중을 거들었죠. 프랑스의 재정도 정비되었습니다. 세금을 거둬들였고, 프랑스 은행을 설립했으며, 새로운 법률체계인 나폴레옹 법전도 공포하게 되는데, 이 법전은 오늘날까지도 프랑스에서 사용되고 있습니다. 잠시 동안의 평화 후에 전쟁이 다시 시작되었습니다. 나폴레옹은 영국을 치기 위해 불로뉴에 대군을 주둔시킵니다.

■ 11년 만의 새로운 황제

1804년에 나폴레옹은 마침내 가장 높은 자리를 차지합니다. 국민들의 요청으로 프랑스의 황제가 된 것이죠. 자신들의 마지막 왕을 참수한 지 11년이 흐른 뒤에 프랑스 사람들은 새로이 황제를 옹립한 것입니다. 잠시나마 나폴레옹은 성공적으로 프랑스를 다스리게 됩니다. 그러나 나폴레옹 왕조는 이전의 왕조들만큼 오래가지는 못했지만, 젊은 황제 나폴레옹은 매우 훌륭하게 프랑스를 다스리고 있었습니다. 그는 보잘것없는 장교에서 눈 깜짝할 사이에 프랑스 황제가 되었죠. 문제는 그가 수많은 전투에서 승리함으로써 지존의 자리에 올랐으므로 그 자리를 지키기 위해서는 전투에서 계속 승리해야 한다는 사실이 었습니다. 프랑스는 그후 20년 동안 전쟁을 치르게 됩니다.

처음에 프랑스 군은 승승장구했습

이제 황제가 되었으니
이름을 루이로 바꾸어야 하나?

니다. 나폴레옹은 러시아, 프로이센, 오스트리아, 스페인, 이탈리아, 폴란드를 무찌릅니다. 1810년 무렵에 그는 나폴리에서 발트 해에 이르는 제국을 거느리며, 유럽의 거의 전 지역을 장악하기에 이르렀습니다. 그에게 패한 많은 나라들이 조약을 맺어 프랑스의 '우방'이 되거나 우방이라고 선언했습니다. 작위 수여에 항상 후했던 나폴레옹은 자신의 형제들 가운데 3명을 왕으로, 누이동생 한 명을 왕비로, 그리고 또 다른 누이동생 한 명을 대공비로 앉혔습니다.

그러나 이러한 상황은 오래가지 못했습니다. 여러분은 아마도 나폴레옹이 정복한 나라 목록에 어떤 나라가 빠져 있는지 눈치를 채셨을 것입니다. 맞아요! 바로 영국이죠! 말썽 많은 영국 말이에요. 여느 때와 마찬가지로 껄끄러운 존재였던 영국은 항복하거나 포기하지 않았습니다(영국은 때때로 축구에서의 휴식시간과 같은 평화협정을 맺고는 한숨을 돌린 후, 얼마 지나지 않아서 다시 싸웠죠). 여기에 영웅 탄생의 순간에 관한 옛이야기가 있으며, 프랑스로서는 불행한 일이지만 영국에서는 2명의 위대한 영웅이 등장했습니다.

■ 영웅 호레이쇼 넬슨의 등장

두 영웅 가운데 한 사람은 호레이쇼라는 이름의 허약하고 작은 수병이었습니다. 허약하다는 것은 수병이 되기에는 불리한 조건이었습니다. 그는 배멀미도 했습니다(이름이 일단 호레이쇼인데다가 토하느라 시간을 다 보냈던 사람이 어떻게 영웅이 될 수 있었을까요). 출발부터 람보와는 거리가 멀었던 호레이쇼 넬슨은 여러 해전을 치르며 한쪽 팔과 눈을 잃게 됩니다.

하지만 그는 이러한 모든 어려움을 극복하고, 역사상 가장 위대한 해군사령관이 됩니다. 넬슨의 뛰어난 지도력으로 영국 해군은 프랑스 해군(전함은 프랑스가 훌륭했지만 수병은 영국이 우수했습니다)을 줄곧 항구에 묶어둘 수 있었으며, 프랑스 해군이 출항할 때마다 무찌를 수 있었답니다.

그는 마음대로 숨을 들이쉴 수 없는 거죠?

1805년에 넬슨이 트라팔가르에서 목숨을 잃으며 최후의 대승을 거두고 있을 무렵에는 영국이 해상을 장악하고 있었습니다. 나폴레옹은 영국 침략계획을 연기해야 했지만 걱정하지는 않았습니다. 바다에서의 상황은 여의치 않았을지 몰라도 프랑스는 역시 1805년에 거둔 아우스터리츠 전투에서의 대승 후에 육상에서는 완전히 주도권을 잡았거든요.

■ 검소한 웰링턴 공

다음에는 웰링턴 공이라는 영웅이 등장합니다. 큰 키에 매부리코에다가 약간 괴팍한 영국 귀족(정확히 말하면 아일랜드 출신)이었던 웰링턴은 화려한 나폴레옹과는 거리가 멀었습니다.

나폴레옹은 사열, 멋진 깃발, 화려한 군복과 번쩍이는 훈장의 가치를 믿는 사람이었죠(그는 한때 "병사란 싸구려 장신구로 지휘하는 것이다!"라는 말을 하기도 했습니다). 그는 병사들에게 근사한 계급장을 많이 달아주었으며, 가는 곳마다 '영광'의 자루를 나누어주기도 했습니다.

인도에서 힘들게 군대생활을 했던 웰링턴은 군의 취사도구의 크기와 군화의 품질 따위에 신경을 썼으며, 자신의 부하 장병들에게 비교적 간소한 복장을 하도록 했고, 전투가 벌어지기 전에 부대를 정확한 위치에 배치했으며, 탄약과 지원군이 정확한 시간에 도착하도록 했습니다. 그는 부하들을 '세상의 쓰레기들'이라고 불렀으며, 그들은 술을 마시기 위해서 입대한 것일 뿐이라고 말했습니다. "그들은 적들에게는 위협이 되지 못하지만, 내게는 반드시 위협이 될 수 있을 것이다"라고 그는 냉담하게 말했습니다. 당연히 부하들은 그를 존경하지 않았으나, 그들은 웰링턴이 자신들을 위해 전투에서 승리했다는 것을 알고 있었습니다.

웰링턴은 자신의 군대를 영국의 가장 오랜 동맹국이었던 포르투갈에 상륙시켰고, 치열한 전투 끝에 나폴레옹의 군대를 포르투갈과 스페인에서 내쫓아 프랑스로 되돌려보냅니다.

나폴레옹은 러시아 침략이 완전히 실패로 돌아가자 결국

각하께서 저희들을 위해 고안해내신
새 군화에 이름을 붙여주십시오.

항복을 하고 황제의 자리에서 물러나게 됩니다. 아량을 베푼 동맹국들은 그에게 엘바라는 작은 섬을 내주어 통치하게 했는데, 이는 결과적으로 나폴레옹을 되살려주는 꼴이 되었습니다. 그것은 잘못된 조치였던 것이죠(주의사항: 독재자들과 장차 세계의 지배자가 될 사람들이 지켜야 할 두 가지 철칙. 1. 가능한 빨리 영국을 침략하되, 질질 끌지는 말 것. 2. 어떤 경우라도 러시아는 침략하지 말 것. 뒷부분에 나오는 제2차 세계대전과 히틀러를 참조하세요).

■ 루이 18세의 등극

나폴레옹이 엘바 섬으로 마지못해 유배를 떠나자, 프랑스 사람들은 상황을 정상으로 되돌려놓아야 한다고 생각했습니다. 다시 말해 새로운 왕을 옹립한다는 것이죠. 물론, 루이라는 이름을 가진 왕이라면 더욱 좋겠죠. 그래서 프랑스 사람들은 루이 18세를 데려왔는데, 그 역시 뚱보였답니다(루이 17세는 처형당한 루이 16세의 어린 아들이었습니다. 그는 루이 16세가 처형되고 나서 얼마 후에 죽었는데, 튈르리 궁전에 갇혀 있다가 죽은 것으로 여겨집니다. 정말 무례한 정권이었습니다. 불쌍한 루이 17세).

그러나 나폴레옹의 시대가 여기서 끝난 것은 아니었습니다. 그의 시대가 조금은 남아 있었던 것이죠.

■ 나폴레옹의 재등장과 워털루 전투

전 황제 나폴레옹은 조그마한 엘바 섬을 다스리는 것이 싫증나서 여권도 없이 섬을 떠나게 되고, 프랑스로 되돌아가서 웰링턴 공과의 재대결을 요구합니다. 루이 18세와 그의 귀족 친구들에게 이미 넌 더리가 난 프랑스 군은 열렬히 나폴레옹을 환영했습니다. 영국과 여러 동맹국들은 당연히 그를 반기지 않았죠.

위털루 전투(기차역 이름을 따서 전투의 이름을 붙이다니!)가 막바지에 이르렀을 무렵에 벨기에, 프랑스 왕당파, 스페인, 포르투갈, 오스트리아 및 프로이센으로부터 엄청난 지원을 받고 있던 웰링턴 공이 간신히 승리할 수 있었습니다. 프로이센의 지원군이 때마침 나타난 것이죠. 축구에 비유하자면, 시합이 거의 끝나갈 무렵 페널티 킥을 얻어 승리한 것이라고나 할까요.

처량한 신세가 된 나폴레옹은 또다시 망명길에 오르게 되는데, 그로부터 6년 후에 엘바 섬보다 훨씬 작은 세인트헬레나 섬에서 숨을 거두게 됩니다(영국에 의해서 독살당했다는 이야기도 있지만, 당시에는 사람들이 당연히 그런 말들을 했겠지요. 일부 사람들은 그것은 우연의 일치에 불과하며 그가 머문 방의 벽지에 비소가 묻어 있었을 뿐이라고 하는데, 제가 보기엔 이 주장이 매우 타당성 있다고 생각되는군요).

■ 뚱보 루이 18세의 재집권

루이 18세가 다시 돌아오긴 했으나, 복위된 왕조의 앞길은 험난하기만 했습니다. 루이 18세와 귀족들은 시계를 거꾸로 돌려놓으려 무척 애를 썼죠(당시 누군가의 말처럼, 그들은 배운 것도 망각한 것도 없었던 거죠). 그러나 자유, 평등, 박애와 관련된 새로운 사상들은 쉽사리 사라지지 않았습니다.

■ 샤를 10세와 루이 필리프

1824년에는 샤를 10세가 루이 18세의 왕위를 계승했지만, 1830년이 되자 프랑스 사람들은 과거로 되돌아가기를 절대로 원치 않는다는 점을 분명히 하고서, 또 다른 혁명을 일으킵니다(이번에는 소규모 혁명으로 기요틴이 등장하지 않습니다). 샤를 10세를 대신하여 오를레앙 공 루이 필리프가 왕이 됩니다. 그런데 여러분은 그의 이름을 보면, 루이나 필리프 모두 프랑스 왕들이 썼던 이름이라는 것을 눈치 채셨을 것입니다(그의 아버지는 매우 눈치가 빨랐던 사람으로 프랑스 혁명의 와중에도 목숨을 건진 몇 안 되는 귀족들 가운데 한 사람이었죠. 그는 자신의 이름을 '평등공 필리프'로 바꾸고는 승리자의 편에 섰답니다).

■ 시민왕 루이 필리프

혁명가 아버지를 두었으며 귀족 친척들이 많았던 루이 필리프는 프랑스 왕이 되기 위한 훌륭한 중도파 후보라고 할 수 있었습니다. 편안하고 부드러운 성격의 루이 필리프는 시민왕으로 불렸으며, 우산을 가지고 다니며 자신이 평범한 사람임을 강조했답니다. 불행하게도, 중도 노선이 항상 가장 안전한 입장만은 아니었습니다. 1848년에 프랑스 사람들은 새로운 혁명을 겪게 되며, 같은 해에 유럽은 혁명의 물결에 휩쓸립니다. 루이 필리프는 어쩔 수 없이 퇴위해야 했죠. 그와 그의 아내는 스미스 부부라는 기막힌 가명을 사용하여 영국 해협을 급히 건넜고, 빅토리아 여왕을 찾아가 영국에서 오랫동안 편히 머물게 됩니다.

■ 제2공화정과 또 다른 나폴레옹의 등장

그후 몇 년 동안 프랑스는 또다시 공화국이 됩니다. 그러나 어쨌든 공화국이라는 이상은 여전히 뿌리를 내리지 못했으며, 1852년에 다시 한번 제정을 시도해보기로 하는데, 황제로 적당한 인물은 다름 아닌 나폴레옹이었죠! 물론 진짜 나폴레옹이 아니라, 나폴레옹 3세로 즉위한 나폴레옹 1세의 조카였습니다(나폴레옹 2세는 나폴레옹 1세의 아들로서 망명지에서 젊은 나이에 죽었습니다. 독재자의 아들이 된다는 것은 위태로운 일인가봅니다).

■ 나폴레옹 3세의 패배

오랜 기간 동안 모든 것이 순조로운 듯했습니다. 나폴레옹 3세는 상당히 개혁적인 황제였습니다. 의회가 부활하고, 언론의 자유와 노조활동이 보장되었으며, 예술과 상업이 번성하게 됩니다. 그러나 국내의 상황은 좋았지만 해외가 말썽이었죠.

그때까지도 여러 나라에 흩어져 살고 있던 이웃 독일 사람들이 하나의 나라로 스스로 합치기 시작했습니다. 독일이 작고 보잘것없는 여러 나라들로 나뉘어져 있지 않고, 통일된 강대국이 되는 것을 못마땅하게 생각한 프랑스 사람들이 반발했고, 이것이 전쟁으로 비화됩니다. 프랑스로서는 불행한 일이었으나, 독일 사람들은 독일지역의 모든 나라들 중에서 가장 호전적이었던 프로이센을 중심으로 뭉치게 됩니다. 프로이센 사람들은 전쟁을 간절히 원했을 뿐만 아니라 전쟁에 매우 능했습니다. 그들로서는 이 전쟁이 큰 전쟁이었으며, 이 전쟁을 위해 오랫동안 훈련을 해왔습니다.

안타깝게도 나폴레옹 3세는 나폴레옹 1세로부터 전쟁의 재능을 물려받지 못했으며, 프랑스 군은 1870년에 스당 전투에서 결정적으로 패하게 됩니다. 몸이 불편했던 가엾은 나폴레옹 3세는 영원히 전장을 떠나게 되고, 프랑스는 다시 공화국이 되었습니다. 그후 프랑스는 줄곧 공화제를 유지하게 됩니다.

■ 드레퓌스 사건

새로 들어선 제3공화정은 좌익과 우익, 그리고 왕당파가 권력투쟁을 벌이는 가운데 한동안 매우 불안정하게 유지되었습니다. 그러나 절망만 있었던 것은 아닙니다. 1889년에 프랑스 사람들은 전국적인 축하행사와 에펠 탑 건립으로 프랑스 혁명 100주년을 축하했습니다.

각료들과 정부는 여전히 자주 바뀌었고, 추악한 금융 및 정치 스캔들이 자주 발생하게 됩니다. 그중에서 가장 추악한 사건들 중 하나가 1894년에 발생합니다. 드레퓌스라는 유대 인 출신의 장교가 숙적 독일에 군사기밀을 팔아넘겼다는 누명을 뒤집어쓰고, 주변에 상어가 득실거리는 범죄자 수용소인 '악마의 섬'으로 보내졌습니다. 드레퓌스가 누명을 벗기까지 12년이란 세월이 걸렸습니다.

해외 정세도 불안하기는 마찬가지여서 독일은 군대를 늘리고 있었습니다. 이 때문에 스당 전투의 패배를 기억하고 있던 프랑스 사람들은 걱정을 하게 됩니다. 독일은 또한 해군력을 강화했는데, 이 때문에 넬슨 제독을 마음속에 간직하고 있었으며, 다른 나라가 바다를 지배한다는 사실을 받아들일 수 없었던 영국인들은 약이 올랐습니다. 국제적으로 불길한 기운이 감돌았다고 할 수 있죠.

■ 유럽의 화약고

유럽은 곧 전쟁에 휩싸이게 됩니다. 프랑스와 러시아, 그리고 대영제국이 독일, 오스트리아-헝가리 제국, 이탈리아에 맞섰습니다. 1914년에 오스트리아-헝가리 제국의 황태자였던 페르디난트 대공의 암살이 도화선이 되어 전쟁이 발발하기에 이릅니다.

■ 제1차 세계대전의 발발

현대 무기로 싸운다고 해서 전쟁이 편해지는 것은 절대로 아니지.

제1차 세계대전은 폭탄, 기관총, 독가스 등과 같은 진정한 현대 무기들로 치른 최초의 전쟁이었습니다. 비행기가 전쟁에 이용된 것도 이때가 처음이었습니다. 제1차 세계대전에서는 유럽 전역에서 서로 밀고 밀리는 참호전이 시작되었으며, 수많은 병사들이 진흙투성이

괜찮아. 독가스가 아니라 프랑스 양파 수프를 끓이고 있는 거야.

의 참호를 차지하기 위해 싸우다 죽어갔습니다. 전쟁은 길고도 참혹했으며, 솜 강, 마른, 베르됭과 같은 곳에서 치러진 전투에서 약 150만 명의 프랑스 병사들이 목숨을 잃었습니다(놀랍게도 제2차 세계대전보다 제1차 세계대전

의 사상자가 더 많았다고 합니다). 한동안은 고전을 면치 못하여 독일
군이 파리를 거의 함락시킬 뻔했으나, 결국 연합국(뒤늦게 참전한 미
국, 영국, 프랑스, 그리고 이탈리아)이 승리하게 됩니다.

■ 베르사유 조약

전쟁에서 패한 독일은 1918년에, 연합국 사령부로 이용되던 콩피
에뉴의 철도 객차 안에서 굴욕적인 휴전협정에 서명해야 했습니다.
그후 베르사유에서 맺은 평화협정으로 인해 독일은 영토를 많이 잃
었으며, 재무장이 금지되었고, 전쟁비용 배상에 동의해야 했습니다
(베르사유 조약의 가혹함 때문에 이후에도 분쟁이 끊이지 않았으며, 이로
인해 제2차 세계대전에서 다시 한번 맞붙는 것이 불가피했다는 것이 일반
적인 견해입니다). 또한 1919년에는 제네바에 국제연맹이 설립됩니
다. 군비 축소와 국제분쟁의 평화적 해결을 위한 국제연맹은 더욱
결속된 유럽으로 가는 첫 발걸음이었다고 할 수 있겠습니다.

■ 제1 · 2차 세계대전 사이의 휴전기간

프랑스는 제1차 세계대전 이후에도 금융 및 정치 스캔들, 경제문
제, 노동 불안, 좌우익과 왕당파(귀족들이 여전히 활개를 치고 있군요)
간의 극심한 대립이 한층 심화되어 여전히 불안정했습니다. 하지만
어쨌든 파리에는 활기가 넘쳐났습니다. 문학과 예술, 그리고 새로
탄생한 영화가 번성합니다. 게다가 요리와 포도주는 그 어느 때보다
훌륭했죠. 영국 관광객들이 영국 해협을 건너 물밀듯이 몰려와서는
에펠 탑과 폴리베르제르와 같은 프랑스 문화의 기념물들을 구경했

습니다. 그러나 슬프게도 21년 동안의 평화는 막을 내리고, 유럽은 다시 한번 전쟁으로 들끓게 됩니다.

한때 치욕을 경험했던 독일은 몇 년간의 소요와 혁명을 겪고 난 후에 또다시 강해지고 있었습니다. 불행하게도 이때의 독일은 독일의 위대함을 되찾겠다는 어느 사악한 통치자가 군림하고 있었으며, 그는 베르사유 조약을 파기하겠다고 다짐합니다. 그가 곧 아돌프 히틀러로서, 그는 유럽을 조금씩 먹어치우기 시작했습니다. 모든 사람들이 제1차 세계대전의 참상으로 여전히 고통받고 있었으므로, 오랜 시간이 흐른 후에야 그를 제지할 용기를 낼 수 있었죠. 1939년에 히틀러는 폴란드를 침공하고 전세계는 전쟁의 소용돌이에 휘말리게 됩니다.

■ 다시 막 오른 전쟁

슬프게도 프랑스 인들의 전쟁은 곧 끝나게 됩니다. 1870년의 일이 되풀이된 것과 마찬가지였으며, 형편은 오히려 그때보다 나빴다고 할 수 있습니다.

잠시 동안의 총성 없는 전쟁기간이 흐른 후, 강력한 독일군이 엄청난 속도로 전격전을 펼치며 프랑스와 유럽 대부분을 점령했고, 영국군은 조그만 영국으로 쫓겨나서 다음 기회를 기약해야 했습니다.

■ 독일 점령하의 프랑스

히틀러는 분풀이로 프랑스로 하여금 사실상 항복과 다름없는 휴전협정에 서명하도록 했는데, 그 장소는 1918년에 독일이 항복했던 바로 그 철도 객차였습니다. 그후 프랑스 사람들은 제2차 세계대전의 대부분의 기간을 독일 치하에서 보내게 됩니다.

자유 프랑스 군과 같은 일부 프랑스 병사들은 영국으로 건너가서 계속 독일에 맞섰습니다. 점령지 프랑스에서는 영웅적으로 저항운동에 뛰어든 사람도 있었고, 일부 사람들은 나치에 협력하기도 했습니다. 대부분의 사람들은 숨을 죽인 채로 상황이 나아지기를 기다렸습니다(영국인들은 1066년에 노르만에 정복당한 이후에는 점령을 당한 적이 한 번도 없었기 때문에 그 기분을 잘 모릅니다). 프랑스와 다른 모든 나라들로서는 운이 좋게도 히틀러는 앞서 언급한 독재자가 지켜야할 두 가지 철칙을 어겼습니다. 다시 말해 그는 영국을 침공하지 않고 러시아를 쳤던 것이죠.

결국 영국과 미국(미국은 개입하지 않으려 했으나 다시 한번 휘말렸습니다), 그리고 그들의 연합국이 1944년에 노르망디에 상륙합니다.

이건 불공평해.
독재자가 지켜야할
철칙을 한번도
들어본 적이 없는걸.

자유 프랑스 군은 길고도 힘든 싸움에 참가하여 프랑스에서 독일로 진군하게 되고, 그리고 마침내는 베를린에 입성했습니다.

1945년에 아돌프 히틀러는 패배하고, 프랑스는 다시 자유를 찾게 됩니다.

■ 1945년 이후

전후 프랑스에서 가장 주목받은 인물은 샤를 드골 장군이었습니다. 그는 절대로 항복하지 않을 것이라 마음먹고서, 독일군이 입성하기 직전에 프랑스를 떠나 영국으로 향했습니다. 다혈질에다 자존심이 강하고 까다롭기까지 했던 그는 제2차 세계대전이 끝날 때까지 연합국에게는 히틀러만큼이나 골치 아픈 존재였습니다. 드골은 프랑스가 비록 점령당하긴 했으나 위대한 국가로서 다른 연합국들처럼 동등한 대우를 받아야 한다고 생각했습니다.

1944년에 드골은 프랑스 군을 이끌고 파리를 해방시킵니다. 그리고 1946년에는 프랑스 임시정부의 대통령이 되죠. 주위에 더 이상 싸울 만한 독일이나 영국 혹은 미국인들이 없게 되자, 그는 조국 프랑스 사람들과 다투다가 자리에서 물러나게 되고, 프랑스 제4공화국은 드골 없이 운영됩니다.

1950년에는 프랑스 외무부가 일종의 무역연합인 유럽 석탄철강

드골을 맞히지 못하다니, 자칼은 멍청이가 분명해!

공동체(ECSC) 창설을 제안하여 유럽 단일시장 형성의 첫걸음을 내딛게 됩니다. 반면 다른 분야에서는 상황이 그다지 좋지 못했습니다. 인도차이나와 알제리에서의 군사적 모험이 잘못된 조언으로 인해 크게 실패하여, 1958년에 프랑스 사람들은 '위대한 샤를'에게 복귀를 요청해야 했으며, 그는 프랑스 제5공화국의 대통령이 됩니다.

드골 대통령은 프랑스를 다스리며 알제리 독립 위기를 헤쳐나갔으며, 알제리의 독립을 원치 않았던 장군들이 몇 차례 그를 암살(《자칼의 날》을 읽어보세요)하려 했으나 살아남았습니다. 1963년에 영국이 유럽 경제공동체(EEC) 가입을 신청하자, 드골은 영국이 말썽만 일으킬 것이라며 가입을 받아들이지 않았죠(왜 그런 생각을 했을까요?). 1969년에 드골은 사임-'퇴위'라는 단어를 쓰고 싶어지는군요-했으며, 제5공화국이 드골 없이 유지됩니다. 오늘날처럼 프랑스가 강하고 발전된 나라가 된 데는 드골의 힘이 컸습니다. 하지만 프랑스의 정치는 여전히 격동적이어서, 때때로 추문이 발생하기도 합니다.

유럽연합을 이끌어가는 나라(영국과 여전히 껄끄러운 관계이며, 어쩌면 드골 장군이 옳았는지도 모르죠!)이며, 예술 분야가 뛰어나고, 요리와 포도주가 으뜸인 라 벨 프랑스는 여전히 이 지구상에서 하나밖에 없는 진짜 문명국이라고 프랑스 사람들은 말합니다.

프랑스의 성적표

음식 : 10점 단연 유럽 최고입니다. 세계 곳곳의 고급 레스토랑의 차림표가 프랑스 어로 되어 있는 것은 우연이 아니죠. 프랑스 카페가 좋은 것은 종이 식탁보를 하고 지저분한 뒷골목에 자리잡고 있는 카페에서도 매우 훌륭한 스테이크 프리트(감자튀김을 곁들인 스테이크)를 맛볼 수 있다는 점입니다. 맞아요, 프랑스 사람들이 개구리 다리를 먹긴 하지만, 그건 매우 드문 일이죠. 요즘의 평범한 프랑스 사람이라면 개구리 다리 샌드위치보다는 빅맥을 먹겠지요. 프랑스는 세계에서 가장 우수한 포도주를 생산하며, 프랑스 사람들은 세계에서 가장 열성적인 포도주 소비자들이랍니다. 그래서 프랑스 사람들이 언제나 '크리즈 드 푸아', 즉 급성 간 질환을 걱정하는 것은 새삼스러울 것이 없죠.

문학과 예술 : 9점 이 분야 역시 항상 높은 점수를 받죠. 위대한 작가, 미술가, 음악가는 프랑스 역사에서 넘쳐납니다. 그중 몇 명의 이름을 대보면 코르네유, 몰리에르, 플로베르, 콜레트, 사르트르, 들라크루아, 푸생, 마네, 모네, 툴루즈 로트레크, 드뷔시 등이 있죠. 영화 역시 매우 인기가 있으며, 특히 일상생활을 다룬 내용을 좋아하고 범죄영화에 열광합니다. 프랑스 사람들은 범죄영화를 스릴러라고 합니다.

경지 : 9점 역시 우수한 점수를 줄 수 있습니다. 프랑스는 세계에서 가장 아름다운 나라들 가운데 하나이며, 리비에라 지역과 같은 일부 건물 밀집지역을 제외하면 아직도 상당히 깨끗합니다.

정치 : 3점　　　예기치 못한 정권 교체와 갑작스런 지도자 교체를 감안하면 다소 변덕스러운 측면이 있군요. 지나치게 공격적이기도 합니다. 나폴레옹과 영광의 시대에 대한 기억이 프랑스 사람들을 군사적 충돌로 몰고 가기도 했습니다.

국민성　　　자부심과 애국심이 강하며, 예민한 편입니다. 프랑스 사람들은 여러분이 프랑스 말을 사용하지 않으면 아는 체하지도 않으며, 자신들만이 프랑스 말을 적절히 구사할 수 있다고 생각합니다(대부분의 프랑스 사람들은 하나님이 6일 동안 세상을, 7일째 되는 날에는 프랑스를 창조하셨다고 생각하죠). 프랑스 사람들은 낭만적이라기보다 실천적인 국민입니다. 때로는 엉뚱한 구석도 있지만, 대체로 재주가 있고 멋을 아는 사람들입니다.

4장 의지의 독일

1871년에 여러 작은 나라들이 독일로 통일된 이후에, 독일은 줄곧 유럽에서 중요한 역할을 맡았으며, 때로는 심하게 말썽을 피우기도 했습니다.

하나의 나라로서의 독일은 전쟁을 통해 탄생했습니다. 독일은 전쟁 때문에 더 커지고 강해졌죠. 두 번의 전쟁으로 독일은 거의 폐허가 되었습니다. 하지만 오늘날 독일은 번영을 누리고 있으며, 유럽 통합이라는 대의에 헌신하는 평화를 사랑하는 나라로서 주도적 위치를 차지하고 있습니다. 독일이 이렇게 되기까지는 국민들의 놀라운 회복력과 근면, 그리고 강한 의지에 힘입었죠.

제2차 세계대전 후에 노엘 카워드는 "독일인들을 심하게 대하지는 맙시다!"라고 썼습니다. 노력해보기로 하죠.

■ 전쟁놀이를 즐긴 프리드리히 2세

유럽의 많은 나라들과 마찬가지로 독일 역시 여러 작은 나라들로부터 비롯되었으며, 이들 나라들은 그들만의 왕, 왕세자, 백작 및 대공들이 따로 있었습니다. 이러한 작은 공국들 중에서 가장 유력했던 것이 프로이센이었으며, 그 중심지가 베를린이었습니다.

1740년에 프리드리히 2세(잉글랜드의 앨프레드 대왕처럼 '대왕'으로 불림)가 프로이센 국왕으로 즉위합니다. 프리드리히 2세는 진짜 병사들을 동원한 전쟁놀이를 즐겼습니다. 그는 심지어 유럽에서 가장 키가 큰 병사들로 이루어진 키다리 연대도 거느리고 있었죠.

■ 7년전쟁

프리드리히 2세는 보통 키의 병사들로 이루어진 군대도 훈련시켰습니다. 그는 이 군대를 이용하여 이웃 나라인 작센과 보헤미아를 공격함으로써 7년전쟁을 일으킵니다. 이에 오스트리아와 그 동맹국들이 재빨리 반격에 나서자, 한동안은 프리드리히 2세가 너무 무리한 것이 아닌가 여겨지기도 했죠. 하지만 두 차례의 멋진 승리를 거두고 영국과 하노버에 있던 지지자들로부터 도움을 받게 되자, 프리드리히 2세는 승리자가 되었습니다. 그의 재위기간이 끝날 무렵에는 무력에 의한 왕국의 확장이라는 자신의 주요 과업을 이루게 됩니다. 프리드리히 2세의 공으로 돌릴 일들이 많은 것은 그가 독일식의 기준을 세웠기 때문이죠.

■ 워털루에서 나폴레옹과 대결하다

프리드리히 2세의 뒤를 이은 프로이센의 군주들은 그의 군국주의 정책을 고수했습니다. 1815년에 프로이센은 워털루 전투에서 영국과 함께 승리를 거둡니다. 프로이센은 베스트팔렌과 라인란트 지역을 할양받아 독일지역의 나라 가운데 최고가 되었습니다.

■ 프리드리히 빌헬름 4세의 야망

유럽은 빠르게 변하고 있었습니다. 산업혁명이 진행 중이었으며, 독일지역의 모든 작은 나라들이 합쳐져야 한다는 분위기가 고조되고 있었습니다. 이들 나라 중에서 그 크기와 국력을 고려해봤을 때, 통일을 이룰 수 있는 나라는 프로이센밖에 없었죠.

유럽에서 1848년은 혁명의 해였습니다. 프로이센의 프리드리히 빌헬름 4세는 통일의 공로를 비열한 혁명가들에게 빼앗기지 않으려 애썼습니다.

■ 철혈재상 비스마르크의 등장

1862년에 빌헬름 1세가 오토 폰 비스마르크를 총리로 임명하자, 정세가 변하기 시작했습니다. 사람들은 비스마르크를 철혈재상이라 불렀습니다. 무자비하고 교활한 정치가였던 비스마르크는 투표가

아니라 '피와 철', 다시 말해 전쟁으로 문제를 해결해야 한다고 믿었죠. 그는 극심한 우울증으로 고통받았으며, 흥미롭게도 기네스 흑맥주와 샴페인을 섞어 만든 블랙 벨벳 칵테일을 마시며 기분 전환을 했다고 합니다. 비스마르크는 자신이 강조한 바를 실행에 옮기며 프로이센의 군사력을 강화했습니다. 그는 군수산업도 장려했으며, 특히 에센에 있는 유명한 크루프 가의 공장들을 지원해주었습니다. 그리고는 혼내줄 상대를 물색했죠.

■ 7주전쟁

비스마르크는 전형적인 술수를 동원합니다. 우선 그는 덴마크와의 전쟁에서 프로이센을 지원해달라고 오스트리아를 설득했습니다. 그는 오스트리아를 설득하면서, 이 전쟁의 목적은 여러 해 동안 다툼의 원인이 되었던 두 공작령(슐레스비히와 홀슈타인)을 되찾는 것이라고 말했습니다.

덴마크는 오스트리아와 프로이센의 적수가 되지 못했고, 비스마르크는 손쉽게 승리하게 됩니다. 그리고는 자신의 진짜 계획을 실행에 옮깁니다. 덴마크와의 전쟁이 끝나자마자 그는 어떤 나라를 차지

할 것인가를 고민하다 동맹국 오스트
리아를 상대로 싸움을 걸었습니다.
그는 슐레스비히와 홀슈타인을 차
지하고는 불과 7주 만에(비스마
르크에게는 7년 동안의 전쟁이란
있을 수 없었답니다) 오스트리아
도 점령합니다. 그는 중립국이었
던 헤센과 하노버를 집어삼켰으며, 북부지
방의 모든 나라들을 프로이센의 지배하에 두게 됩니다.

비스마르크는 덴마크를
손쉽게 이겼습니다.

■ 프랑스-프로이센 전쟁

비스마르크는 곧바로 독일 전체를 통일하기 위한 다음 술수를 준
비합니다. 이를 위해서는 또 한 차례의 전쟁에서 승리해야 했습니
다. 숙적 프랑스보다 더 적당한 전쟁 상대가 있었을까요? 문제는 프
랑스와 프로이센은 싸울 이유가 없었다는 점이었죠. 하지만 비스마
르크는 그와 같은 사소한 문제가 자신의 앞길을 방해하도록 내버려
두지는 않았습니다. 그는 당시 비어 있던 스페인의 왕위를 놓고 프
랑스에 싸움을 걸었습니다.

비스마르크는 독일 출신의 인물이 스페인 왕위를 차지해야 한다
는 주장을 지지했습니다. 그렇게 하면 프랑스가 자극받을 것이란 점
을 잘 알고 있었던 것이죠. 빌헬름 1세는 이 다툼과 관련된 공식 전
보를 프랑스에 띄우려 합니다. 비스마르크는 이 전보를 가로채서 무
례한 내용으로 조작해서 보내게 됩니다.

당시 프랑스는 나폴레옹 3세(3장을 참조하세요)가 통치하고 있었으며, 민감한 프랑스 사람들은 비스마르크가 던진 미끼를 물게 되고, 프랑스와 프로이센은 즉시 전쟁 상태에 돌입합니다. 바로 비스마르크가 원했던 바였죠. 그는 프로이센의 군대를 훈련시키고 증강시켜서 언제라도 전쟁을 치를 수 있는 상태로 만들어놓았으며, 여러 해 동안 이 전쟁을 준비해오고 있던 터였습니다. 하지만 더욱 중요한 사실은 그가 프로이센의 군대를 최신 무기들로 무장시켰다는 점이었습니다. 크루프 가의 군수품 공장 육성정책이 빛을 발한 것도 바로 이 무렵이었답니다. 프랑스 병사들은 나폴레옹 1세를 기억하고 있었으며, '영광'에 대한 어렴풋한 환상을 지니고 있었습니다. 독일군의 포가 더 크고 화력이 우수했던데다가 수도 훨씬 많았습니다. 전쟁은 오래가지 못했습니다.

탄탄한 조직을 갖추고 (특히 현대식 야포로) 강력하게 무장한 프로이센 군대는 프랑스 병사들을 쉴 새 없이 몰아붙였습니다. 프랑스의 주력군은 불과 6주 만에 항복했으며, 132일간에 걸친 포위 끝에 파리가 함락됩니다.

전쟁이 끝날 무렵이 되자 비스마르크는 자신이 원했던 모든 것을 얻게 됩니다. 프랑스는 국경의 분쟁지역인 알자스-로렌 지방을 넘겨주었고, 전쟁배상금으로 50억 프랑을 지불했습니다.

■ 마침내 통일을 이루다

독일이 마침내 통일되었습니다. 프로이센의 왕 빌헬름이 독일제국의 황제 빌헬름 1세가 되었으며, 비스마르크는 후작 작위를 받았습니다.

세 차례의 전쟁을 승리로 이끈 비스마르크는 이제 착한 일을 할 때라는 생각을 하게 됩니다. 그는 노동자들을 위한 복지제도를 비롯한 많은 진보적인 개혁정책들을 도입합니다.

비스마르크의 외교정책을 살펴보면 우방국들과 적국들을 교묘하게 이용했습니다. 오스트리아 및 러시아와 동맹을 맺고, 영국과는 해상 동맹을 맺어 러시아를 견제했습니다. 비스마르크의 정치적 수완과 유럽최강자로서의 그의 명성 덕택에 새로운 독일은 안전했으며 최고의 위치를 차지했습니다. 하지만 시대는 변하고 있었습니다.

■ 비스마르크의 실각

1888년 빌헬름 1세가 사망하고 그의 아들 프리드리히 3세가 황제 자리를 물려받았습니다. 불운한 프리드리히 3세는 불과 몇 달 만에 숨을 거두게 되고, 그의 아들 빌헬름 2세가 황제가 됩니다. 비스마르크가 늙은 전쟁광이었는지는 몰라도 적어도 독일 사람들의 관점에서 보자면 그는 성공적인 전쟁광이었습니다.

새 황제는 젊고 성미가 급했으며, 약간 어리석은 자였답니다. 1890년에 그는 교활한 늙은이 비스마르크를 내쫓고 스스로 국정을 운영하기로 마음먹었습니다. 당시 독일 사람들은 이를 두고 '파일

럿을 해고한 꼴'이라고 했습니다(물론 당시에는 비행기가 발명되지 않았으므로 파일럿이 비행기 조종사를 뜻하는 말은 아니었습니다. 파일럿이란 항해 용어로서, 배를 조종하여 거친 바다를 통과하게 해주는 사람을 의미했죠. 비스마르크가 떠난 독일은 위험한 암초를 향해 가고 있었습니다).

■ 폭풍 전야

유럽의 정세는 불안했습니다. 특히 프랑스는 점점 강해지고 있던 독일의 엄청난 국력에 두려움을 느꼈으며 분개하고 있었습니다. 여전히 프랑스-프로이센 전쟁을 기억하고 있던 프랑스 사람들은 독일과 다시 한번 겨루어보고 싶어 안달이 나 있었습니다. 다양한 동맹 관계에도 불구하고 영국과 러시아 역시 믿을 수 없었답니다.

독일 사람들도 나름대로 불만이 있었습니다. 그 당시에는 제국이 아니면 아무 소용이 없었으며, 유럽의 나라들은 자기네들끼리 세계의 다른 지역들을 이미 나누어 차지하고 있었습니다. 프랑스, 스페인, 이탈리아, 벨기에 및 포르투갈은 모두 아프리카의 상당부분을 차지하고 있었습니다.

독일은 통일을 너무 늦게 이루는 바람에 유럽 국가들이 아프리카를 차지하기 시작할 무렵에는 참여를 못했으며, 다른 나라가 손대지 않은 일부 지역들을 다스리는 데 만족해야 했습니다. 독일은 탐욕스런 영국을 특히 괘씸하게 생각했는데, 영국은 인도 전체와 아프리카의 노른자위 전부를 이미 다스리고 있었거든요.

빌헬름 2세는 남아프리카에서 영국을 괴롭히고 있던 보어 인들을 지원해줌으로써 영국에 보복했습니다. 그후 그는 독일의 해군력을

강화함으로써 영국을 자극합니다. 1909년
에 독일 전함의 수는 영국 전함의 수와 거
의 비슷해졌습니다. 독일은 매우 강해졌고,
바다를 누가 지배하게 될 것인지가
분명해졌습니다.

20세기 초의 유럽은 두 축
의 동맹세력으로 나뉘어 서로
대립하고 있었습니다. 한쪽 편에는 독일과 불안정한 오스트리아-헝
가리 제국이 있었습니다. 이에 맞서서 러시아와 프랑스, 영국이 동
맹을 이루고 있었지요. 앞에서 살펴본 것과 같이, 원한관계와 불신
이 뒤얽혀서 유럽은 마치 폭발 직전의 화약고와도 같았습니다. 이제
전쟁은 시간문제였습니다.

■ 프란츠 페르디난트 대공의 암살

이 사건은 1914년 발칸 반도(오늘날의 유고슬라비아 지역과 거의 일
치함)라는 유럽의 불안정한 지역에서 시작되었습니다. 보스니아 학
생 몇몇이 공부에 싫증을 느꼈죠. 그들은 공부는 하지 않고 사라예
보를 방문 중이던 오스트리아의 황태자 프란츠 페르디난트 대공을
암살하기로 했습니다. 학생들은 권총과 사제 폭탄을 지닌 채 황태자
가 지나갈 길에 서 있었습니다.

그들은 어린 10대들로 이루어진 암살단이었습니다. 그들 중 하나
는 때맞춰 총을 뽑지 못했고, 또 한 명은 황태자비에게 너무 미안해
서 총을 쏘지 못했으며, 몇몇은 겁을 먹고 집으로 돌아갔습니다. 끝

내가 오스트리아 황태자를 암살한 것 같아!

까지 남아 있던 학생 한 명이 성공을 하게 되죠. 그는 황태자를 쐈습니다. 암살에 가담한 학생들은 보스니아 사람들이었지만, 오스트리아는 암살의 배후에 세르비아 인들이 있다고 확신하고 곧바로 이웃나라 세르비아를 침공합니다. 이 때문에 세르비아를 보호해주기로 다짐했던 러시아가 발끈하여 군대를 동원하게 됩니다.

러시아가 군대를 동원하자 독일은 즉시 프랑스를 공격하기로 결정합니다(헷갈리죠? 다른 사람들도 마찬가지랍니다). 하지만 독일군이 프랑스에 도착하려면 벨기에를 지나가야 했고, 벨기에의 중립은 영국이 보장해주고 있었죠.

■ 힘겨운 제1차 세계대전

새로운 20세기의 주요 사건인 이 전쟁은 이 책의 다른 장들에서도 여러 번 등장합니다.

제1차 세계대전 이전에 치렀던 세 차례의 전쟁(비스마르크 시절의 덴마크, 오스트리아, 프랑스와의 전쟁)에서 손쉽게 승리했던 독일은 승리를 확신하고 있었습니다. 독일은 프랑스와 러시아 양쪽에 재빠르게 결정적인 타격을 가한 후에, 영국군을 서서히 소탕하려는 거창한 계획을 세웠습니다.

아내는 매일 집 정원을 파헤친다네.

하지만 이 모든 계획은 물거품이 됩니다. 독일군은 초기의 몇몇 전투에서 승리했지만, 마른 전투 이후로는 밀리게 되죠. 독일군은 벨기에와 프랑스 북부 지역을 완전히 가로지르는 참호를 팠으며, 길고도 끔찍한 참호전이 시작되었습니다(시트콤 〈블랙애더 최전방을 가다〉를 보면 됩니다. 그러나 참호전은 실제로 장난이 아니었죠).

대포와 기관총, 고성능 폭약이 처음으로 사용된데다가 참호전과 같은 새로운 형태의 전투방법이 도입되어서 여러 해 동안 끔찍한 살육이 이어졌습니다. 2년 후까지도 참호전이 계속되었습니다. 길고도 끔찍했던 베르됭 전투에서 독일군은 4개월 동안 프랑스 군을 집요하게 공격하여 격퇴시키려 했지만 별 소용이 없었습니다.

■ 혁명의 물결에 휩싸인 러시아

하지만 독일에게는 뜻밖의 행운이 기다리고 있었죠. 마르크시즘(이 이론을 실천한 것을 공산주의라고들 하죠)을 창안했던 카를 하인리히 마르크스라는 독일의 한 정치 이론가의 영향을 받아 러시아에서 혁명이 일어나게 되고, 이 때문에 러시아는 전쟁에서 발을 빼게 됩니다.

■ 미국의 참전

이런 와중에 독일로서는 나쁜 소식이 들려왔습니다. 미국이 연합국의 편에 서서 참전한다는 거였죠. 기가 꺾인 독일 황제 빌헬름 2세는 힌덴부르크와 루덴도르프 장군에게 권력을 넘겨주었습니다. 1918년에는 루덴도르프가 권력을 장악하고 있었습니다. 연합군이 독일 전선을 돌파하기 시작하자 루덴도르프는 더 이상 어쩔 도리가 없음을 깨닫게 됩니다.

■ 막시밀리안 총리의 사임

비스마르크식의 간교함을 지녔던 루덴도르프는 누가 항복 협상에 나서더라도 나중에 엄청난 비난을 감수해야 한다는 점을 알고 있었습니다. 그는 황제를 설득하여 인도주의자로 알려진 바덴 출신의 막시밀리안 공을 총리로 임명하게 합니다. 막시밀리안 공은 화친을 청했고, 루덴도르프는 곧장 물러났습니다. 몇 년 후 독일의 장군들은 전쟁에서 자신들이 진짜로 패한 것은 아니었다고 공공연히 주장하기에 이릅니다. 단지 정치인들의 술수로 전쟁에서 패하게 됐다고 주장했던 것이죠.

■ 베르사유에서의 항복

패전국 독일은 1919년 베르사유 조약에 어쩔 도리 없이 서명합니다. 승리한 연합국측은 독일에 가혹한 요구를 합니다. 독일은 알자스-로렌 지역과 공업지대인 자를란트를 프랑스에 넘겨주어야 했습니다. 슐레지엔 북부지역은 폴란드로 넘어갔죠. 라인란트는 비무장지대가 되었으며, 독일은 해외 식민지를 몽땅 잃게 됩니다. 독일 해군은 1만 톤급 경전함 6척, 경순양함 6척, 구축함 12척과 수뢰정 12

척만을 보유할 수 있게 되었으며, 육군의 병력은 10만 명으로 감축되었습니다(프리드리히 2세와 비스마르크가 틀림없이 지하에서 통곡했을 것입니다. 그들은 전쟁에서 패한 적이 없었으니까요).

연합국은 이 정도로도 분이 풀리지 않았는지, 독일에게 엄청난 금액의 전쟁배상금 지불 약속을 받아냅니다. 전쟁배상금이란 '전쟁에서 졌을 경우 물게 되는 벌금'을 뜻하는 말로서, 독일이 한때 프랑스에 요구한 적이 있었죠. 평화협정이 이행됨에 따라 정세가 매우 험악해집니다. 이때 이미 제2차 세계대전의 밑그림이 그려지고 있었던 것이죠.

■ 불안한 평화

전쟁 후 독일 사람들의 삶은 매우 고달파집니다. 무엇보다도 혁명의 위협이 항상 존재했습니다. 러시아에서의 놀라운 사건 때문에 유럽 전 지역에 걸쳐 공산주의와 기타 혁명적 사상들이 퍼져나갔습니다.

전쟁이 끝나기 이전에도 이러한 생각들은 싹트고 있었습니다. 독일 제독들은 전쟁을 계속하기를 원했지만, 전쟁에 졌다는 사실을 알게 된 수병들이 곧바로 반란을 일으킵니다. 한동안 이 반란은 독일 북부지역으로 확산되었습니다. 그러자 공산주의자들이 새로운 선거가 시작되기 전에 권력을 잡으려고 합니다. 하지만 혁명은 무참히 진압되었고, 지도자였던 리프크네히트와 로자 룩셈부르크는 살해당합니다. 1919년의 선거에서 사회민주당(SPD)이 압승하여 바이마르 공화국(베를린에서 벗어나 수도를 지방의 바이마르 시로 정했으므로 이렇

게 불렸음)이 들어섰습니다. 사회민주당의 당수 프리드리히 에베르트가 대통령이 됩니다.

그러나 루덴도르프의 예상대로 새 공화국은 독일인들이 매우 싫어했던 베르사유 조약을 조인한 것에 대해 비난받았습니다. 비례대표제의 시행으로 엄청난 수의 군소 정당이 난립하게 됩니다. 연립정부가 들어서면 몇 달이 못 가 깨어지는 혼란스러운 상황이 반복되었습니다. 거리에서는 좌우익 극단주의자들 사이에 싸움이 벌어졌고, 정치적 암살이 줄을 이었습니다.

상황은 계속 악화되었습니다. 전쟁배상금 지불로 독일 경제는 파탄에 이르렀고, 급기야 독일은 배상금 지불을 거부하기 시작합니다. 이에 대한 보복으로 프랑스는 라인란트 지역을 점령하게 됩니다. 물가는 하늘 높은 줄 모르고 치솟고 있었죠. 여기에 독일, 특히 베를린은 몹시 퇴폐적인 분위기로 변하여 남자들은 여자와 음악에 의지하여 시름을 달랩니다. 이 모든 혼란과 무질서 속에서 사악한 구세주가 등장합니다.

■ 아돌프 히틀러의 등장

1919년에 안톤 드렉슬러라는 자물쇠 제조공이 국가사회주의 독일 노동자당(줄여서 나치당이라고 하죠)을 창당합니다. 나치당의 징책은 당의 정책이라 이름붙이기 힘들 정도로 좌우 양측으로부터 억지로 갖다붙인 잡동사니 사상에다 반유대주의를 가미한 것이었죠. 하지만 나치당은 아돌프 히틀러라는 초창기의 당원 때문에 결국 유명해졌습니다. 아니 악명을 떨쳤다는 표현이 더 정확하겠군요. 실패한 미술학도에다 한때 방황하기도 했으며, 제1차 세계대전에서 하사로 복무했던 민중선동가 히틀러가 곧 이 작은 정당을 장악하기 시작했습니다. 그는 자신의 주변에 있는 악당들과 사회 부적응자들을 불러 모았습니다.

■ 히틀러의 패거리

히틀러 다음으로 모든 면에서 가장 골칫덩어리는 헤르만 괴링으로, 추종자들은 그를 철인 뚱보라고 불렀습니다. 제1차 세계대전에 전투기 조종사로 참전했으며, 한때 약물에 중독되었다가 끊은 적이 있었던 괴링은 대부분의 나치 동료들보다 영리했으나, 잔인함과 사악함에 있어서는 별다른 차이가 없었습니다.

다음으로는 한때 농학을 공부하기도 했던 기묘하고도 사악한 하인리히 히믈러가 있습니다. 호리호리한 체격에, 숱이 적은 콧수염을 기르고 안경을 썼던 히믈러는 히틀러의 호위대인 검은 제복의 친위대(SS)와 사악한 비밀경찰인 공포의 게슈타포를 지휘했습니다.

이외에도 쥐를 닮았던 선전의 천재 괴벨스, 샴페인 판매원 출신의 속물 폰 리벤드로프와 수수께끼 같은 관료 보어만과 같은 인물들이 있었죠. 이들을 모아놓으면 절대로 만나고 싶지 않을 만큼 해괴한 무리가 됩니다.

이와 같은 악당들의 패거리가 한 나라를 통째로, 그후에는 한 대륙을 완전히 장악할 수 있는 가능성은 없다고 생각하시겠죠? 천만에요!

■ 맥주 홀과 주먹다짐

그들은 맥주 홀에서 정치적 모임을 가지며 출발했습니다. 히틀러는 최면술에 가까운 연설 솜씨로 청중들을 매료시킵니다. 그의 연설이 그다지 이치에 닿지는 않았으나 감동적이기는 했죠. 히틀러는 청중들의 마음을 읽고 자신의 견해를 바꾸는 기가 막힌 재주가 있었답니다. 연설을 하고서 다음날이 되면 정반대 내용의 연설을 했지만, 거기에 시비를 거는 사람은 아무도 없는 듯했습니다. 모임이 있는 날 저녁에는 대개 나치 패거리와 공산주의를 신봉하는 노동자들 사이에 패싸움이 벌어졌습니다. 맥주 홀 바닥에 피가 흥건하고, 깨진 유리조각이 널려 있어야 집회다운 집회로 여겼던 거죠.

■ 어설펐던 맥주 홀 폭동

1923년에 나치당은 무력으로 권력을 잡으려고 폭동을 일으킵니다. 이 시도는 비참하게 실패로 돌아갑니다. 히틀러는 체포되어 감옥에 가게 됩니다. 그는 9개월 동안 감옥살이를 하면서 《나의 투쟁》이라는 길고 두서없는 책을 썼습니다. 이 책에서 히틀러는 큰 키에 금발

에다가 푸른 눈을 가진 아리아 인이라는 가공의 인종이 우수하다는 주장을 합니다. 정말 묘한 것은 히틀러 자신과는 정반대되는 인물형이라는 점입니다. 그는 자그마한 키에 갈색머리였죠. 또한 이 책에서 히틀러는 세계 정복을 위한 자신의 계획을 자세히 설명하고 있습니다. 이 책은 너무 따분해서 주목하는 사람이 아무도 없었지만, 히틀러의 생각은 진지한 것이었답니다.

■ 총탄과 투표함

히틀러가 권력을 잡는 데는 그로부터 10년이라는 세월이 더 걸렸으며, 이번에는 거의 합법적인 방법을 이용합니다. 1932년에 치러진 선거에서 반대자들을 위협하며 선거운동을 했지만, 나치당이 얻은 표는 37%에 불과했습니다. 같은 해에 치러진 또 한 차례의 선거에

남아 있다가 점심 먹을 사람들 모두 손 들어보래요.

서는 33%의 표를 얻는 데 그칩니다. 히틀러는 포기하지 않고 고령의 힌덴부르크 대통령을 설득하여 연립정부의 총리가 됩니다.

■ 의사당 방화사건

히틀러가 총리로 취임한 직후에 독일 의사당 건물인 라이히슈타크에 의문의 화재가 발생했는데, 이것은 아주 좋은 트집거리가 되었

습니다. 히틀러는 그것이 공산주의자의 음모라고 주장했지만, 이후에 발견된 증거들을 보면 나치당이 불을 질렀음을 짐작할 수 있습니다. 이 사건으로 비상사태가 선포되었고, 선거는 나치당의 통제하에 치러졌습니다. 그러고도 나치당은 과반수에 약간 못 미치는 득표를 했지만, 히틀러에게는 그 정도면 충분했습니다.

■ 히틀러, 권좌에 오르다

나치당은 놀라운 속도로 독일 전역을 장악했습니다. 순식간에 나치당은 독일에서 하나뿐인 정당이 되었죠. 나치에 반대하면 사회주의자든 공산주의자든 혹은 노동운동가든 체포되어 감옥으로 보내졌으며, 살해되는 경우도 아주 흔했습니다.

나치당은 또한 끔찍한 유대 인 박해를 시작했습니다. 초기에는 유대 인들에게 별 모양의 표지를 강제로 달게 했습니다. 유대 인 박해는 나치의 '최후의 해결책'에서 절정을 이룹니다. 제2차 세계대전 중 650만 명의 유대 인들이 죽음의 수용소에서 죽어나갔습니다.

고령의 힌덴부르크 대통령이 죽자, 히틀러는 대통령과 총리 직을 합친 퓌러라는 새로운 칭호를 만들어서 그 자리에 앉았습니다. 이 무렵에는 나치가 독일 전체를 확실하게 장악하고 있어서, 반대의 목소리는 완전히 묵살되었습니다. 히틀러는 이 무렵 선거에서 90%의 표를 얻게 된답니다! 놀라운 일이죠!

■ 생활공간이 부족해!

히틀러는 독일을 확실히 자신의 손아귀에 넣은 다음 독일은 '생

총통께서 다음 번에는
어느 나라를 침략할지 정하시는 중이라오.

활공간'이 부족하다고 주장하며 유럽의 다른 나라들에 탐욕스런 눈길을 돌렸습니다. 당시는 유럽 역사상 가장 끔찍했던 전쟁이 끝난 지가 20년이 채 지나지 않은 시점이었습니다. 나이 든 사람들은 여전히 전쟁을 기억하고 있었으며, 수백만의 사람들이 남편, 형제, 아버지, 그리고 아들들을 잃었죠. 끔찍한 기억이 너무도 생생하여 전쟁이 다시 일어나리라 예상했던 사람은 아무도 없었습니다. 그래서 히틀러가 유럽을 조금씩 먹어치우기 시작할 때도, 유럽의 나라들은 이번이 마지막이려니 하며 히틀러에게 별다른 제재를 가하지 않았습니다.

■ 히틀러의 강도 행각

히틀러는 라인란트 지역을 다시 점령함으로써 군사 행동을 개시합니다. 그래도 아무런 제재가 없자 그는 오스트리아를 접수했습니다. 그 다음은 체코슬로바키아였죠. 유럽의 다른 강대국들, 특히 프랑스와 영국이 약간 불만을 표시했습니다. 하지만 그들은 결국 1938년 뮌헨 협정에서 히틀러의 요구를 들어줍니다. 히틀러는 다른 나라들을 더 이상 점령하지 않을 것이라고 약속했습니다. 체임벌린 영국 총리는 히틀러가 서명한 휴지조각을 자랑스럽게 휘날리며 귀국했습니다. 그는 그것이 '우리 시대의 평화'를 뜻한다고 말했으며, 자신 덕택에 전쟁을 막을 수 있었노라고 주장했습니다. 그러나 히틀러가 예전처럼 침략 행위를 계속하자 체임벌린은 진짜 바보가 된 기분이었겠죠.

일기장…
오스트리아를 점령했었고, 체코슬로바키아를 쳤으며, 폴란드를 침공했다. 하지만 이외에는 이렇다 할 사건이 없었다.

이 무렵 히틀러는 어떤 행동을 하더라도 별탈이 없을 것이라고 생각하게 됩니다. 그의 다음 목표는 폴란드였습니다. 우선 히틀러는 최대의 적이었던 러시아와 조약을 맺어서 폴란드를 분할하기로 합의했습니다. 1939년에 독일은 폴란드를 침공합니다. 히틀러는 폴란드의 독립이 조약에 보장되어 있다는 점을 알고 있었습니다. 그는 프랑스와 영국이 실제로는 아무런 조치도 취하지 않으면서 이전처럼 체면치레로 항의를 하다 말 것이라고 예상했습니다. 하지만 그의 예상은 빗나갑니다. 영국과 프랑스는 이미 참을 만큼 참았던 것입니다. 이 두 나라는 독일에 선전포고를 합니다.

■ 제2차 세계대전에서의 승승장구

히틀러는 깜짝 놀랐지만, 곧 정신을 차렸습니다. 그는 장군들의 의견을 무시하고 전격전(blitzkrieg)을 감행합니다. 히틀러는 놀라운 속도로 벨기에, 프랑스, 네덜란드, 덴마크, 노르웨이 등을 점령해나갑니다. 곧 유럽 대부분의 지역이 나치 치하에 놓이게 됩니다.

그러나 영국만은 예외였습니다. 영국군은 그 유명한 '덩커크의 기적'을 일구어내며, 작은 배들로 이루어진 선단으로 패잔병들을 구출해서 영국으로 도망갔습니다. 완강한 처칠이 이끄는 영국군은 항복하지 않았으며, 히틀러는 그를 '악당 처칠'이라 불렀습니다. 히틀러는 그들을 손봐줄 때가 되었다고 생각했습니다.

나그네쥐가 된 듯한 기분이 드는군.

■ 영국 공습

독일의 장군들은 영국해협이 넓고, 비가 자주 내리며, 폭풍우가 심하다는 점을 지적했습니다. 성공적으로 영국을 침공하기 위해서는 제공권을 장악하는 방법밖에 없었습니다.

당시에는 괴링이 독일 공군인 루프트바페를 책임지고 있었습니다. 뚱보 괴링은 "내 부하들에게 맡겨라!"라고 말했고, 영국과의 공중전이 시작되었습니다. 영국 상공에서 괴링이 이끄는 루프트바페와 영국 공군의 젊은 조종사들 사이에

영국 공군이 헤르만 자네를 꼼짝 못하게 하고 있구먼.

전투가 벌어진 것이죠. 막상막하였으나, 결국에는 루프트바페가 패하게 됩니다. 독일의 영국 침공 계획인 '바다사자 작전'은 무기한 연기되었습니다.

■ 히틀러, 독재자의 두 가지 철칙을 어기다

히틀러는 영국을 공습함으로써 세계를 지배할 독재자들이 지켜야 하는 철칙 중에서 첫번째를 어기는 꼴이 되었습니다. 그는 영국 침공에 실패한 것이죠(다시 나폴레옹이 등장했던 부분을 참조하세요). 이제 그는 어처구니없게도 두 번째 철칙을 어깁니다. 러시아를 침공한 것입니다. 처음에는 성공적이었으나, 결국 처참한 실패로 끝납니다. 그러자 독일의 훌륭한 동맹국 일본이 진주만을 공격하여 미국을 전쟁에 끌어들입니다. 그 이후로 독일은 계속 내리막길이었습니다. 영국의 몽고메리(줄여서 몬티라고 함) 장군이 아프리카에서 독일의 롬멜 장군을 이겼습니다(몬티는 r발음을 못했기 때문에, 적장 롬멜을 옴멜이라 불렀답니다).

제 말은 옴멜이 승리했다는 게 아니라, 도망가고 있다는 것입니다.

러시아 군은 독일군에 맞서 스탈린그라드(지금의 볼고그라드)에서 대승을 거두었습니다. 이내 독일의 도시들은 연합군의 폭격으로 폐허가 됩니다.

■ 공격 개시

1944년 6월 6일에 연합군은 프랑스를 점령하고 있던 독일을 공격하면서, 베를린 입성을 위한 전투를 벌였습니다. 1년 후에는 전쟁이 완전히 끝나게 됩니다. 독일은 패하고, 히틀러는 폐허가 된 베를린의 지하 은신처에서 스스로 목숨을 끊었습니다. 원자폭탄 두 방에 겁을 먹은 일본도 항복하게 되죠.

■ 전쟁이 끝나다

전쟁이 끝나고 다른 나치 지도자들은 체포되었습니다. 괴링과 히믈러를 비롯한 일부 나치 지도자들은 자살을 했고, 붙잡혀서 뉘른베르크 전범재판에 회부된 자들도 있었습니다.

강제 수용소에 갇혀 있던 사람들은 진격한 연합군이 해방시켜주었습니다. 그들과 관련된 뉴스와 사진을 접한 전세계는 경악했습니다.

■ 독일의 분단

독일은 제2차 세계대전 직후에 네 지역으로 나뉘어져 미국, 영국, 프랑스, 러시아가 관할하게 됩니다. 1949년에는 러시아가 관할했던 지역 이외의 나머지 '서방' 지역들이 합쳐져서 흔히 서독이라 불렸던 독일연방공화국이 탄생했습니다. 몇 달 후에는 러시아가 관할하던 지역이 공산주의 국가인 독일민주공화국, 즉 동독이 되었습니다.

■ 냉전의 시작

제2차 세계대전이 끝나자 냉전이 시작되었습니다. 전쟁 중에는 미국과 러시아가 연합하여 히틀러에 맞서 싸웠으나 전쟁이 끝나 마자 서로에 대한 의심과 적대감이 커지기 시작했습니다. 미국은 공산주의가 치명적인 질병처럼 퍼져나갈 것을 우려하여 공산주의를 증오했습니다. 러시아는 히틀러 못지않게 포악했던 독재자 스탈린이 통치하고 있었죠. 스탈린은 '서방 자본주의 세력', 특히 미국을 미워하고 두려워했습니다.

■ 과연 게임이 끝났을까

1945년, 전쟁에서의 패배로 독일은 완전히 폐허가 되었습니다. 도시들은 잿더미가 되었고, 농촌지역은 점령당했으며, 경제는 파탄이 났습니다. 독일이 망한 것은 확실하며, 유럽 리그에서 영원히 쫓겨난 것처럼 보입니다. 과연 그럴까요?

1918년에 보았던 내 기억 속의 독일과 똑같구먼.

■ 경제 기적

기적은 자본주의 체제의 서독에서 일어납니다. 미국과 우방들은 1918년의 실수를 되풀이하지 않겠다고 다짐했습니다. 그들의 목표는 독일을 무찔러 굴복시키는 것이 아니라, 부유하고 평화로운 민주국가로 건설하는 것이었습니다.

73세의 수완가 콘라트 아데나워가 새 공화국의 첫 총리가 되었습니다. 그는 서독을 평화와 번영의 새 시대로 이끌었습니다. 에르하르트라는 경제전문가의 주도하에 서독 사람들은 눈부신 복구를 이룹니다. 독일인 특유의 활력과 근면으로 인해 독일은 다시 일어설 수 있었습니다. 처음부터 다시 시작해야 했던 점이 오히려 큰 도움이 되었죠. 옛 공장들이 모두 파괴된 가운데 영국과 미국 공군의 도움을 받아 독일은 완전히 새로운 방식과 장비로 새롭게 시작해야 했습니다.

전쟁이 끝나고 불과 10년 만에 서독은 유럽에서 가장 부유한 나라들 가운데 하나가 되었습니다. 1957년의 유럽 경제공동체 창설 회원국으로서, 서독은 지속적인 성장과 번영을 누립니다. 서베를린은 고급 상점과 고급 승용차, 고층건물이 있는, 크고 분주한 현대적인 도시가 되었습니다. 하지만 서독의 '다른 반쪽'인 공산주의 체제의 동독 문제가 여전히 해결되지 않고 있었습니다. 결국 이 때문에 베를린 시가 둘로 나뉘게 됩니다.

■ 베를린 장벽이 세워지다

자본주의식의 이러한 번영이 소련이 지배하고 있던 공산주의 동독에는 골고루 미치지 못했습니다. 동독에서의 생활은 고달픈 것이었으며, 많은 동독 사람들이 서독에서는 더 잘살 수 있을 것이라 생각했습니다. 그들은 수백 명씩 국경을 넘기 시작했습니다. 동독이 얼마 지나지 않아 텅 비게 될 것이라 우려한 강경파 공산주의 지도자 발터 울브리히트는 놀라운 계획을 세웁니다. 베를린 자체는 동베를린과 서베를린으로 구분되어 있었습니다. 울브리히트는 베를린을 폐쇄하기로 결정합니다. 동독인들은 소련의 도움을 받아 베를린 시를 가로지르고 서베를린을 둘러싸는 장벽을 설치하여 동독을 서독으로부터 단절시켰습니다. 베를린 장벽에는 철조망이 쳐졌으며, 무장 경비병들이 감시했습니다. 경비병들은 장벽을 넘는 사람들을 사살하라는 명령을 받았습니다.

■ 장벽을 넘어서

많은 동독 사람들이 베를린 장벽을 넘으려 했습니다. 그들은 경비병과 경비견, 지뢰를 피해가며 위험을 무릅쓰고 검문소를 건넜습니다. 땅 밑에 굴을 파는 사람도 있었고, 기구를 타고 건너간 가족도 있었습니다. 탈출에 성공한 사람들도 있었지만, 상당수는 잡히거나 사살되었습니다. 베를린 사람들 대부분은 분단된 도시에서 적응하며 살아갈 수밖에 없었죠. 이산가족이 생기고, 그들은 영원히 만날 수 없을 것 같았습니다. 서독은 계속 번영을 누렸으며, 동독에서의 생활은 점점 더 힘들어졌습니다. 고르바초프가 소련을 자유화시킨 후, 1989년 11월에 베를린 장벽은 기적과도 같이 무너집니다. 동독과 서독이 다시 하나가 된 것이죠.

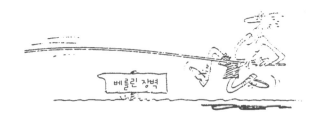

베를린 장벽

■ 모두 다 함께

그렇다고 해서 모든 것이 갑자기 좋아진 것은 아니었습니다. 부유한 서독이 이제는 가난한 동독을 책임져야 했습니다. 고생을 하는 동독 주민들이 형편이 나은 서독 주민들을 못마땅하게 생각하는 경향이 있습니다. 하지만 적어도 독일은 이제 하나의 나라입니다. 독일 사람들은 의지가 강하므로 어떻게든 잘 꾸려나갈 것입니다.

독일의 성적표

음식 : 5점　　대체로 만족스러우며 실속 있는 편입니다. 먹을 만하지만, 아이스바인 미트 자우어크라우트(돼지족발과 양배추 절임)처럼 발음하기 힘든 요리가 많답니다. 수백 가지의 소시지가 있으며, 독일인들은 맥주를 무척 좋아해서, 맥주 축제를 자주 열어 모두가 기분 좋게 취하곤 합니다.

문학과 예술 : 8점　　괴테나 토마스 만과 같은 위대한 작가들이 많습니다. 최고의 작곡가인 베토벤과 바그너를 배출한 음악 분야는 더욱 높은 점수를 줄 수 있죠. 위대한 화가로는 뒤러와 홀바인 등이 있습니다.

경치 : 9점　　바이에른알프스에서부터 슈바르츠발트에 이르는 온갖 훌륭한 경치를 감상할 수 있습니다. 라인 강과 모젤 강 유역 역시 아름다우며, 이 지역의 포도주는 무척이나 유명하죠.

정치 : 4점　　어두운 과거가 있어 불리하다고 생각됩니다. 그러나 오늘날의 통일된 독일은 평화를 사랑하며, 민주적이고, 무척 훌륭하답니다. 독일은 더 이상 그런 일을 하지 않는다고 다소 거만하게 말하며, 걸프 전 참전을 거부했습니다. 녹색운동이 특히 활발합니다.

국민성　　모든 분야에서 근면과 규율, 결단력이 두드러집니다. 독일인들은 명령받는 것에 익숙하여, 강력한 지도자를 선호하죠.

과거에는 이따금씩 비열하다는 말도 들어가며 지나치게 공격적이었으나, 오늘날의 개혁되고 통일된 독일인들은 부패를 거의 모르는 매우 모범적인 국민입니다.

5장 영광의 그리스

화려한 과거 역사에 관한 한 그리스는 다른 나라들에 조금도 뒤질 것이 없습니다.

여러분은 그리스가 뭐 그리 대단하냐고 의문을 품을지도 모르겠군요. 케밥을 만들어낸 나라라서 그럴까요? 젊은이들이 일광욕과 맥주를 동시에 즐길 수 있는, 구름 한 점 없는 아름다운 휴양지들이 있으니까? 술 취한 영국 젊은이들이 영국 국기 도안이 들어간 반바지를 내려, 지나가는 농부들을 놀릴 수 있으니까? 마음씨 좋은 그리스 사람들은 다른 유럽 인들과 달리 웬만하면 흥분하시 않을 것 같으니까? 아, 그리고 올림픽 경기대회도 그리스 사람들이 창안했으니 뭔가 이야

어젯밤에 취했지만 기억이 다 나는데, 이건…

깃거리가 있겠다고요?

마지막 질문이 여러분에게 단서를 제공해주고 있네요.

■ 영광의 시대

그리스는 약 2,500년 전에도—우리는 여기에서 진짜 고대사를 살펴보고 있습니다—실제로 존재했습니다. 그리스 사람들은 자치적인 도시국가를 만들었는데, 그중에서 아테네가 가장 컸으며 최고였답니다. 그들은 시민에 의한 통치, 즉 데모크라티아라는 개념을 내놓았는데, 이는 지금의 민주주의의 기초가 되는 사상으로서 한 사람이 한 표를 행사하는 것을 의미했습니다(물론, 그리스 사람들은 노예와 여성들을 '시민'에 포함시키지 않았지만, 그들이 모든 것을 가질 수 있는 것은 아니었답니다).

■ 예술의 발전

그리스 사람들은 또한 예술 분야에 있어서도 최고였습니다. 최고의 극작가에는 소포클레스와 아이스킬로스 같은 사람들이 있었고, 최고의 철학자로는 소크라테스와 플라톤, 그리고 그후에는 제논과

하마 등에저 지긋지긋한 네모난 물건을 싣고 피타고라스 선생께서 오시는군.

에피쿠로스가 배출되었습니다(당시 최고의 지성이었던 소크라테스는 문답법으로 사람들을 가르쳤답니다. 어찌 보면 소크라테스가 퀴즈를 만들어냈다고 할 수도 있겠군요).

그리스 사람들은 아름다운 조각상을 새겼는데, 대부분은 인간의 모습을 하고 있었습니다(남성상들은 대개 벌거벗고 있고, 여성상들은 옷을 입고 있는 경우가 많았답니다. 이유는 묻지 마세요). 그리스 건축가들은 아름다운 신전과 궁전의 기둥에서 볼 수 있는 도리아, 이오니아 및 코린트식의 건축양식을 발전시켰습니다. 그들은 이러한 양식을 이용하여 아크로폴리스와 파르테논 신전 등을 지었으며, 그 터들은 오늘날 무척 인상적인 유적으로 남아 있습니다. 물론 이외에도 그 유명한 올림픽 대회가 있군요.

■ 올림픽의 개최

그리스 사람들은 예술뿐만 아니라 스포츠에도 열광했습니다. 그들은 스포츠와 예술이 불가분의 관계에 있는 것으로 생각했다는 표현이 더 정확하겠군요. 올림픽 대회는 BC 776년부터 시작되어 세월이 갈수록 그 규모와 비중이 커졌습니다.

올림픽 기간 동안에는 모든 부족들과 도시국가들이 전쟁을 중단했고, 최고의 신 제우스를 기려 올림피아라는 신성한 곳에서 경기를 개최했습니다. 가장 유명한 경기는 5종 경기였습니다. 달리기와 멀리뛰기, 원반던지기, 창 던지기로 시합을 한 후에 가장 성적이 좋은 두 선수가 권투와 레슬링이 합쳐진 형태의 경기를 벌여 한 사람이 항복할 때까지 싸웠습니다. 이 경기를 판크라티움이라고 하는데, 선수들은 일 대 일로 육탄전을 벌였습니다. 무기는 사용할 수 없었고, 상대방을 이빨로 무는 것 이외에는 어떤 형태의 공격도 할 수 있었습니다. 선수들이 벌거벗고 싸웠기 때문에 이런 경기 방식이 허용된 것 아닐까요? 올림픽은 로마 제국의 쇠퇴와 더불어 AD 394년에 막을 내립니다. 하지만 1896년부터 다시 시작되죠.

그리스, 특히 아테네는 BC 500년을 전후하여 전성기를 누렸습니다. 하지만 나라가 흥했다가 망하는 것은 필연적인 일입니다. 영광을 누렸던 아테네 사람들 앞에는 시련이 기다리고 있었죠.

■ 알렉산더 대왕의 등장

그리스 내에서 아테네의 주요 경쟁국은 북부에 있는 마케도니아였습니다. 문명화된 아테네 사람들은 마케도니아 사람들을 싸움과 술에만 관심 있는 거칠고 야만적인 무리라고 생각했습니다(마케도니아의 젊은이가 스스로 사나이임을 입증하려면 혼자서 사자를 죽여야 했습니다. 이 때문에 마케도니아에는 사자가 남아나지 않았습니다). 위대한 필리포스 2세와 그보다 훨씬 더 위대했던 아들 알렉산더 대왕의 재위 기간 중에 마케도니아는 강력한 제국의 중심지로 떠올라 아테네와 그리스 남부를 지배했고, 페르시아, 이집트, 인도까지 진출하게 됩니다.

BC 325년에 펀자브 지역을 정벌하고 난 후에 알렉산더의 군대는 진군을 멈추었습니다. 그로부터 2년

이러지 마, 난 멸종 위기에 처한 종이란 말이야.

뒤에 알렉산더는 열병이 걸려 죽고 맙니다. 그의 재위 기간은 13년에 불과했으며, 그가 죽자마자 제국은 무너지기 시작했습니다. 그후 수백 년 동안 혼란과 무질서가 이어집니다.

■ 로마 인의 침입

그 사이 로마가 세력을 키워가고 있었습니다. 약 70년 동안 그리스와 싸운 끝에 로마 군은 마침내 그리스를 정복했습니다(현실을 받아들여야죠. 로마 군은 곧 그리스의 거의 모든 지역을 정복하게 됩니다). 하지만 로마는 그리스에 상당한 자치를 허용해주었으며, 심지어 올림픽 대회도 중단시키지 않았답니다. 그러나 로마 인들은 우승자에게 전통적인 올리브 관 대신에 거액의 상금을 수여함으로써 올림픽을 다소 상업화시켰습니다.

■ 네로 황제의 횡포

로마의 네로 황제(맞아요. 로마가 불타고 있을 때 수금을 연주했던 그 사람이죠)가 이륜전차 경주를 시작했습니다. 그는 자신의 이륜전차에서 두 번이나 떨어져서 완주하지 못했지만, 그래도 우승자로 판정

짐이 우승하지 못한다면, 짐의 수금 연주회를 개최할지어다.

이 납니다(이런 엉터리!). 로마 제국이 쇠락한 것은 그리 놀랄 일도 아니죠. 로마 제국은 둘로 쪼개집니다. 서로마 제국은 여러 털북숭이 미개인들의 공격을 받아 무너졌습니다(로마 인들은 면도를 하며 시간을 너무 많이 허비했는지도 모르죠). 그리스의 영향을 더 많이 받았던 동로마 제국은 비잔틴 제국이 되었습니다.

■ 비잔틴 제국의 탄생

AD 330년에 콘스탄티누스 황제가 수도를 그리스의 도시 비잔티움으로 옮겼고, 그후에 이름을 콘스탄티노플(지금의 이스탄불)로 고쳤습니다. 서로마 제국은 476년에 멸망했고, 콘스탄티노플은 약 800년 동안 이 지역의 중심 국가로 군림했습니다. 콘스탄티노플은 러시아에서 이탈리아에 이르는 비잔틴 제국의 중심지였습니다.

■ 십자군의 약탈

비잔틴 제국은 페르시아와 아랍의 침략을 견뎌냈습니다. 비잔틴 제국을 갈라놓은 것은 같은 기독교도들이었습니다. 오랜 세월에 걸쳐 유럽의 기독교도 왕들은 여러 차례 십자군을 보냈습니다. 십자군 원정은 원래 성전을 위한 것으로, 예루살렘과 성지 수복이 그 목적이었죠. 1204년에 십자군은 예루살렘 정복길에 돈이 다 떨어지게 됩니다. 그들은 약탈할 곳을 찾다가 콘스탄티노플이 엄청나게 부유하다는 사실을 알게 됩니다. 콘스탄티노플이 그 지역의 중심적인 기독교 도시였지만, 십자군은 진로를 바꾸어 콘스탄티노플을 공격하여 정복했습니다. 십자군이 콘스탄티노플을 약탈하고 비잔틴 제국을 분할함으로써, 그들의 동기가 종교적이라기보다는 세속적이었다는 점이 입증된 셈이죠.

■ 콘스탄티노플의 함락

비잔틴 제국은 붕괴 후 곧바로 또 다른 군사강국이었던 오스만 투르크 제국에 정복당합니다. 1453년에 콘스탄티노플이 함락되었으며, 그리스는 이후 400여 년 동안 오스만 제국의 지배를 받게 됩니다.

■ 오스만 제국 지배하의 그리스

오스만 제국의 통치는 가혹했지만 매우 공평했습니다. 법을 준수하고 세금을 꼬박꼬박 납부하면 별 탈이 없었죠. 그 대신 반항을 하게 되면 목이 달아날 수도 있었으며, 여러 중요한 것들을 잃을 수도 있었습니다. 자유의 불씨는 그리스 교회가 살려놓았는데, 오스만 술탄들은 그리스 교회를 없애지는 못했습니다. 저항의 또 다른 근원은 클렙트(klephts)라 불렸던 산적들로서, 그들은 산악지대에 살았습니다.

400년 가까이 이런 식의 지배가 계속되었습니다. 그리스 사람들은 자유를 꿈꾸었지만, 머리를 숙이고 숨죽여야 했습니다(목이 온전히 붙어 있으려면 그래야 했죠).

■ 엘긴 경, 그리스 유물을 영국으로 가져가다

19세기가 시작될 무렵, 그리스의 유적과 유물은 유럽에서 큰 인기를 끌었습니다. 극성스런 여행자들과 학자들이 오스만 제국의 식민지였던 머나먼 그리스 땅을 방문하여 그리스의 유적을 연구했습니다. 가장 열성적이었던 사람들 가운데 하나가 엘긴 경으로, 그는 콘스탄티노플 주재 영국 대사였죠. 그는 그리스 유적들을 연구했을 뿐만 아니라, 파르테논 신전의 커다란 덩어리들을 귀국할 때 가지고 갔으며, 후에 그것들을 대영박물관에 팔아넘겼습니다(유명한 그리스 여배우이자 문화부 장관이기도 했던 멜리나 메르쿠리는 1980년대 초에 이 유물들을 되돌려달라고 요구했습니다. 만약 영국이 해외에서 빼앗아온 것들을 모두 되돌려주어야 한다면, 영국의 박물관 절반은 텅 비게 될 것입니다).

이런 일이 발생한 직후, 물건 찾아내는 데는 항상 재빠른 프랑스인들이 단돈 30파운드를 주고서 밀로의 비너스를 낚아챘습니다.

저기 엘긴 경이 가는군.
우리가 알아차리지 못하는 줄 아나봐.

■ 혁명이 시작되다

1789년에 그 유명한 프랑스 혁명이 성공하자 곳곳에서 독립운동이 힘을 얻고 있었습니다. 그리스에서는 클렙트들과 지식인들이 결사체를 조직했으며, 1821년에 아이아 라브라 수도원에서 그리스 독립의 기치를 내걸었습니다. 그후 10년 동안 혼란스러운 투쟁이 계속됩니다. 그리스의 혁명가들은 매우 다양하게 구성되었으며, 그들을 유일하게 하나로 묶어준 것은 자유에 대한 갈망뿐이었습니다. 이것 말고는 거의 모든 것에 대해 의견이 서로 달랐습니다.

■ 메솔롱기온에서 맞이한 어느 시인의 최후

그리스 독립이라는 대의명분은 유럽에서 인기를 끌었습니다. 최대 후원자는 화려한 낭만파 시인 바이런 경이었죠(낭만적이었던 것은 그의 시만이 아니었습니다. 그는 시 못지않게 연애로도 유명했습니다). 1824년에 바이런은 석호로 둘러싸인 메솔롱기온이라는 초라한 마을에 도착하게 됩니다. 21발의 예포가 그를 맞이했으며, 곧바로 그에게 5,000명의 병사들을 통솔할 수 있는 지휘권이 주어졌습니다.

하지만 전쟁을 좋아했던 시인 바이런은 병사들을 이끌고 전장에 나갈 기회를 한 번도 잡지 못하게 됩니다. 그는 열병에 걸려 사망합니다. 용두사미로 생각할 수도 있겠지만, 아마도 이것이 그가 그리스에 해줄 수 있었던 최선이었을 것입니다. 그는 다음과 같은 멋진 말을 남기고 우리 곁을 떠났습니다. "나의 재산, 나의 재능을 그리스 독립에 바쳤노라. 자, 이제 그리스를 위해 내 목숨

저를 위해 시를 낭송해 주신 바이런 경을 무척 사랑했답니다.

마저 바치노니!"

이 낭만적 인물이 장렬한 최후를 맞이했다는 소식이 전해지자 유럽 전역의 여성들이 눈물을 흘리며 슬퍼했으며, 또한 이 소식은 그리스 독립운동에 매우 큰 힘이 되어주었습니다. 유럽 전역의 지식인은 고대 그리스의 역사와 문화를 고전교육의 일부로서 줄곧 공부해오고 있었던 것이죠. 유럽 사람들은 그리스 독립을 적극적으로 지지했습니다.

■ **나바리노 해전**

1827년에는 유럽의 열강이었던 프랑스, 영국, 러시아가 투르크의 술탄에 압력을 가하기로 이미 합의한 상태였습니다. 같은 해 영국의 에드워드 커드링턴 제독이 이끄는 영국, 프랑스, 러시아로 구성된 유럽 함대가, 나바리노 만에서 투르크와 이집트의 연합 함대에 맞섰습니다.

대부분의 영국인들과 마찬가지로 에드워드 커드링턴 제독 역시

에드워드 제독께서는 그리스를 무척 사랑하신다오.

그리스를 열렬히 지지했습니다. 투르크 함대의 발포가 좋은 빌미가 되어주었습니다. 전투는 짧고 치열했으며, 몇 시간 만에 모슬렘 함대는 전멸했습니다. 이 소식을 전해들은 투르크의 술탄은 어쩔 수 없이 그리스의 독립에 동의해야 했습니다. 정확히는 그리스 일부 지역의 독립을 허용했답니다.

■ 마침내 독립을 이루다

1830년에 유럽의 열강들은 그리스의 독립을 인정합니다. 하지만 그 영토는 좁아서 옛 그리스 영토 가운데 가장 가난한 지역들에만 한정되었습니다. 초대 대통령은 요아니스 카포디스트리아스였습니다. 그는 곧 도전적인 그리스의 두 지도자들과 대립하다가 암살되는데, 이는 후에 그리스 정치의 한 특징이 되었습니다.

■ 오토 왕의 등극

유럽 열강들은 깊이 탄식하며, 그리고 이 같은 혼란을 겪지 않기를 바라며 다시 한번 그리스의 지도자를 세우려 했습니다. 유럽 열강들이 왕조를 수립하려 했지만, 그리스의 국왕이 되는 것에 관심을 보인 사람은 아무도 없었습니다. 결국 그들은 17세의 바이에른 왕자 오토를 설득하여 왕좌에 앉혔습니다. 거만하면서 둔감했던 오토는 개혁 요구를 묵살했습니다. 그는 또한 많은 독일 사람들을 불러들여서 요직에 앉혔습니다. 1862년에 그리스 사람들은 더 이상 참지 못하고 군사반란을 일으켜 오토 왕을 내쫓아버렸습니다.

■ 그리스 인들의 사랑을 받은 게오르기오스 1세

유럽 열강들은 덴마크의 왕자 조지를 새로운 왕으로 제안했습니다. 그는 그리스 국왕 게오르기오스 1세로서 국민들의 많은 사랑을 받게 됩니다. 그는 절실히 필요했던 도로를 건설하고 철도를 부설했으며, 사회개혁은 물론 토지개혁도 단행합니다.

■ 대 그리스주의

그후 몇 년 동안 그리스 사람들의 마음속에는 단 하나의 커다란 목표가 자리잡게 됩니다. 바로 대 그리스주의라는 것이었죠. 그것은 옛날에 비해 축소된 새 왕국을 확장하여 옛 그리스의 모든 영토를 되찾자는 원대한 꿈이었습니다.

■ 베르사유 조약

베니젤로스 그리스 총리는 1919년의 베르사유 평화조약에서 항구 때문에 매우 가치가 있었던 스미르나(지금의 이즈미르) 지역의 반환을 요구합니다. 연합국은 그리스가 그곳을 점령할 수 있게 허용해주었습니다. 한편 터키는 정력적인 새 지도자 무스타파 케말 아타튀르크가 이끄는 가운데, 개혁과 근대화의 과정을 밟아가고 있었습니다. 그리스가 앙카라를 공격하자, 그는 그리스 군을 해안지역으로 내쫓아 스미르나에서 몰아냈습니다.

■ 로잔 조약과 주민 대교환

케말 아타튀르크의 고집 때문에 그리스와 터키는 자기 나라 안에 소수민족으로 남아 있던 상대국 주민들의 교환에 합의해야 했습니다. 터키는 거의 40만 명에 이르는 이슬람 교도들을 받아들이게 되고, 그리스는 100만 명이 훨씬 넘는 기독교도 난민들을 수용해야 했죠.

더구나 그리스는 트라키 지방의 대부분을 터키에, 이피로스 북부 지역을 알바니아에 빼앗기게 됩니다. 이탈리아는 로도스 도데카니소스 제도, 코르푸 섬을 차지했습니다. 한때는 거의 실현될 것만 같았던 대 그리스주의가 갑자기 물거품이 되어버린 것입니다.

■ 혼란의 시대

그리스가 스미르나에서 크게 패하자 일단의 장교들이 콘스탄티노스 1세에게 왕의 자리에서 물러날 것을 건의했으며, 만약 자신들의 제안을 받아들이지 않으면 각료들 중 5명을 처형하겠다고 경고했습니다. 콘스탄티노스 1세의 손자들 가

혹시 백성들이 우리를 원치 않는다고 느끼세요?

운데 필립이라는 어린 손자가 있었습니다. 왕가의 사람들과 망명길에 올랐던 그는 한동안 유럽을 떠돌다가 마침내 영국 해군에 자리를 삽게 됩니다. 그가 결국에는 영국 여왕 엘리자베스 2세의 남편인 에든버러 공이 되죠.

이론상으로 그리스는 또다시 민주공화국이 되었습니다. 실제로는

군부가 계속해서 엄청난 영향력을 행사하고 있었지만 말이죠(후에 중국의 지도자 마오쩌둥은 "권력은 총구로부터 나온다"라는 말을 남깁니다. 그렇다면 총을 누가 쥐고 있었는지 생각해보면 답이 나오겠군요). 동시에 그리스 공산당(KKE)이 세력을 키워가고 있었습니다. 곧 그리스 공산당은 의회에서 세력 균형을 잡아주는 역할을 수행할 만큼 힘이 커졌으며, 이 때문에 군부의 심기가 불편해졌습니다.

■ 게오르기오스 2세의 복위

폐위된 콘스탄티노스 1세의 아들이 1935년에 다소 불안한 국민투표를 치른 후에 게오르기오스 2세로 추대됩니다. 이듬해에 게오르기오스 2세는 불과 6명의 의원들의 지지를 받고 있던 메타크사스 장군을 총리로 임명했습니다.

■ 메타크사스 장군의 권력 장악

파업이 그리스를 휩쓸자 게오르기오스 2세는 의회를 해산했습니다. 그후 5년 동안 메타크사스 장군이 전형적인 파시스트 노선의 독재자로 그리스를 통치하게 됩니다. 군부는 총칼을 앞세워 총파업을 저지했습니다. 공산주의자들과 노동운동가들이 투옥되었으며, 비밀경찰이 전면에 등장했습니다.

■ 제2차 세계대전의 참전

여러분은 메타크사스가 제2차 세계대전 중에 같은 파시스트인 히틀러나 무솔리니 편에 섰을 것으로 생각하실 겁니다. 하지만 사실은 그렇지가 않습니다. 메타크사스가 파시스트 독재자였는지는 몰라도 중요한 건 그가 그리스 인이었다는 점이죠. 무솔리니가 군대를 이끌고 그리스를 통과하겠다고 하자, 메타크사스는 꺼지라고 말했습니다.

드디어 조국을 위해 뭉친 그리스 사람들은 이탈리아 군대를 그리스에서 몰아냈으며, 이피로스 지역을 다시 차지하기까지 합니다. 그러자 독일군이 개입합니다. 나치 군대가 유고슬라비아를 휩쓸었으며, 1941년에는 독일군이 크레타와 주변 섬들을 점령했습니다.

■ 악몽과도 같았던 점령기

독일뿐만 아니라 이탈리아와 불가리아에도 점령당했던 이 기간이 그리스 사람들로서는 끔찍했답니다. 침략군들이 가져갈 수 있는 식량은 닥치는 대로 가져갔기 때문에 50만 명의 사람들이 굶어 죽기에 이르렀습니다. 마을이란 마을은 모조리 불탔으며, 조금이라도 저항운동의 기미가 보이면 학살당했습니다.

■ 그리스의 분열

그럼에도 불구하고 저항은 계속됩니다. 하지만 여느 때와 마찬가지로 심각한 내부 분열도 겪습니다. 아테네에는 점령군에 협조적인 정부가 들어서 있었으며, 카이로에는 왕당파인 망명자 집단이 있었죠. 그리스 내에서의 저항운동의 중심은 ELAS라는 자체 병력을 보유한 민족해방전선. 즉 EAM이었습니다. 전부는 아니었지만 대부분의 전사들이 공산주의자들이었죠. 제2차 세계대전 중에 ELAS는 영국군과 손잡고 독일군에 저항했습니다. 1943년에는 ELAS가 그리스의 상당 부분을 장악하고 있었습니다.

■ 내전

1944년에 연합군이 승승장구하자 사람들은 미래를 생각하기 시작합니다. ELAS는 그리스 국민들이 해방된 그리스를 통치할 세력으로 자신들을 선택하게 될 것이라 생각했습니다. 하지만 영국은 대부분이 공산주의자로 구성되어 있는 ELAS 대신 왕정복고 쪽으로 마음이 기울고 있었습니다. 그리스 사람들이 원하든 원치 않든 간에 말이죠.

ELAS는 먼저 공세를 취하기로 했습니다. 그들은 그리스의 주요 정적들에 대한 공격을 시작했습니다. ELAS는 1944년에 거의 모든 정적들을 소탕해놓은 상태였습니다. 그 무렵 독일군은 퇴각 중이었으며, 민족해방전선 지도자들은 영국이 지원하는 임시정부에 참여하기로 합의했습니다. 민족해방전선이 그리스 대부분의 지역을 장악하고 있었으나, 권력의 1/3만을 제안받게 됩니다. 게오르기오스 2세는 자신의 복위 주장을 굽히지 않았습니다. 그러자 연합군측은 ELAS에 무장 해제령을 내립니다. ELAS는 이를 따르지 않았고 영국군과 충돌하게 됩니다.

얘들아 명심하렴.
너희들끼리만 싸우지 않는다면
누구랑 싸워도
엄만 상관없단다.

그리스 사람들은 독일, 이탈리아, 불가리아, 그리고 자신들끼리 싸운 후에 최고의 동지였던 영국군과 전쟁을 벌이게 됩니다. 끔찍한 혼란이 계속되었습니다.

연합군, 특히 미국은 어떤 희생을 치르고라도 공산주의자들을 쫓아내려고 마음먹었습니다. 그것은 미국식의 팽창주의였으며, 미국이 가장 중요하게 여긴 계획이었습니다.

미국은 우익 반공 진영이 군부, 경찰, 관리들을 장악하도록 했습니다. 당연히 우익 진영이 1946년의 국민투표에서 승리합니다. 그리스 인들은 군주제를 지지했습니다(게오르기오스 2세가 사망하자 그의 동생 파울로스가 왕위를 계승합니다).

공산주의자들과 미국이 지원하는 우익 정부 사이에 내전이 발생했습니다. 내전은 1949년까지 계속되어 수천 명의 그리스 인들이 목숨을 잃었으며, 양 진영의 잔학행위와 처형이 이어졌습니다. 결국에는 공산주의 게릴라들이 패하여 알바니아로 퇴각하게 됩니다.

■ 파파고스와 카라만리스

1952년에 미국의 막대한 지원을 등에 업은 육군원수 출신의 파파고스가 이끄는 우익 '그리스 집회' 당이 선거에서 승리합니다. 처음에는 파파고스가, 그후에는 카라만리스가 우익을 이끈 가운데, 우익은 11년 동안 권력을 잡았습니다.

■ 키프로스의 독립

그리스 정부의 주요 골칫거리 가운데 하나가, 끝날 줄 모르는 키프로스 분쟁이었습니다. 키프로스 섬은 1878년에 영국의 지배를 받게 되었고, 1924년에는 영국에 정식으로 합병됩니다. 주민들은 그리스 계와 터키 계로 구성되어 있었는데, 마카리오스 대주교가 이끌던 그리스 계 주민들이 그리스와의 통합을 원했던 반면 터키 계 주민들은 키프로스가 터키에 반환되기를 바랐습니다.

1959년에 영국은 키프로스의 독립을 승인합니다. 키프로스 섬은 그리스 계와 터키 계 주민 모두를 보호하기 위해 제정된 복잡한 헌법을 갖춘 공화국이 되었습니다. 마카리오스 대주교가 초대 대통령이 됩니다.

■ 또 다른 시련

실업률이 높아가고 미국의 핵 기지가 들어서면서, 그리스 사람들은 정세에 대해 불만을 품게 되었습니다. 우익의 카라만리스가 총리로 재선되자, 그리스 국민들은 국왕과 군부가 선거를 조작했다고 의심했습니다(당시 파울로스 국왕은 국민들의 사랑을 받지 못하고 있었으며, 공공연하게 파시스트를 지지했던 프레데리카 왕비는 남편보다 훨씬 인기가 없었습니다).

카라만리스 총리는 더 이상 자신을 사랑하는 국민들이 없다고 정확하게 판단하여 사임했고, 뒤이은 선거에서 패하자 발끈하여 파리로 떠나버립니다.

■ 파판드레우와 중도연합당

선거에서는 게오르기오스 파판드레우와 그가 이끈 온건 성향의 중도연합당이 승리했습니다. 그리스에서 오랜만에 우익이 아닌 정부가 들어선 것입니다. 국왕과 군부는 모든 수단을 동원하여 새 정권에 훼방을 놓기 시작했습니다.

좌익과 우익의 음모를 둘러싼 공방으로 곧 분위기가 험악해졌습니다. 파판드레우는 자신이 직접 국방장관직을 맡음으로써 군부를 통제하려 했지만, 국왕이 이를 허락하지 않았습니다.

그후 몇 년 동안 분쟁, 파업, 사임, 시위 사태(그리스 정치에서 극적인 요소를 빼면 남는 게 없어요!)를 겪고 나서, 1967년에 새로이 선거를 치르기로 합니다. 하지만 선거는 치러지지 않았습니다.

■ 우스꽝스러운 대령들의 시대가 개막되다

한편 군부는 무서운 음모를 꾸미고 있었습니다. 1967년에 '대령들'이라는 군사혁명위원회가 아무도 예상하지 못했던 쿠데타로 권력을 잡으며 무대에 등장합니다. 이들은 무명이나 다름없는 군인들로 하나같이 짙은 색안경에다 번쩍거리는 군복을 입고 있었으며, 그 지도자는 파파도풀로스 대령이었습니다. 대령들의 군사혁명위원회

자네들, 우리의 대장인 파파도풀로스 대령보다 더 치장을 많이 했구면.

는 그리스정교회의 부흥과 '타락한 서
구적 가치들'의 거부를 주장했습니다.
실제로는 그들의 유일한 정책이란 극
단적인 반공주의에다 현대적인 것에
대한 무조건적인 증오였답니다. 그들
은 남성들의 장발과 여성들의 짧은 치
마를 금했습니다. 대중음악을 금지시
켰으며, 단지 편견이 없다는 것을 과
시할 요량으로 고대 그리스 연극도 금
지시켰습니다(자유와 연관된 위험한 사
상들은 모조리 금지시켰죠).

군사혁명위원회가 집권한 지 1년이 지나자, 그리스 국민들은 확
실하게 등을 돌리게 됩니다. 당시 그리스 경제는 최악의 상태였으
며, 경제에 중요한 역할을 담당했던 관광산업은 황폐화되었습니다.

군사혁명위원회에 대한 반대
의 목소리가 유럽과 그리스
내에서 커져가고 있었죠. 아
테네에서 학생들이 시위를 벌
이면 정부는 장갑차와 총으
로 대응했습니다. 많은 학
생들이 목숨을 잃었으며,
세계의 이목을 끈 사건이
또 발생하게 됩니다.

■ 키프로스 분쟁

대령들은 그리스가 필요로 하는 것은 소규모의 전쟁이라고 확신했습니다. 그들은 키프로스를 되찾을 수만 있다면 그리스 국민들의 지지를 다시 얻게 될 것이라 여겼습니다. 그래서 그들은 마카리오스 대주교 암살 시도를 기점으로 불안정한 키프로스 공화국을 공격합니다. 당연히 암살 시도는 실패로 돌아갔고, 마카리오스 대주교는 영국군의 기지로 피신합니다. 대령들은 그의 자리에 니코스 삼프손이라는 파시스트를 앉힙니다.

대주교는 자리에서 쫓겨나 약이 올랐습니다.

이에 격분한 터키는 곧바로 키프로스를 침공했습니다. 터키는 얼마 지나지 않아 키프로스 섬의 절반 정도를 장악하게 됩니다. 군인으로서의 역할을 할 것이라고 기대했던 대령들은 동원령조차도 내리지 못하고 터키 군에 저항하려다 무참히 패하게 됩니다. 그리스 국민들은 이러한 굴욕에 분노했고, 대령들은 불명예를 안고 정치무대에서 쫓겨났습니다.

■ 카라만리스의 복귀

파리에 머물고 있던 카라만리스(누군지 기억하시죠?)는 고국으로 돌아와 정부를 구성해달라는 요청을 받습니다. 그는 키프로스에서 휴전협상을 벌였는데, 키프로스는 오늘날까지 그리스와 터키 지역으로 분단되어 있답니다.

카라만리스는 그리스의 의회민주주의를 되살리려 애썼습니다. 그는 온건한 개혁조치들을 단행했으며, 공산당을 합법화시키기도 했습니다. 그리스 국민들은 군주제 회귀 여부를 묻는 국민투표에서 군주제를 거부했습니다. 그리스는 카라만리스를 대통령으로 선출하여 또다시 공화국이 됩니다.

■ 유럽 공동시장에 참여하다

그리스는 현대화 노력의 일환으로 1981년에 유럽 공동시장에 참여했습니다. 그래서 카라만리스와 그리스가 이 책에 등장할 수 있었죠.

카라만리스가 대령들과는 비교가 안 될 만큼 훌륭했다는 것은 의심의 여지가 없습니다. 하지만 폭등하는 물가를 비롯하여 여전히 많은 과제들이 산적해 있었고, 카라만리스는 그리스가 필요로 했던 현대화를 훌륭히 수행해내진 못했습니다.

■ 안드레아스 파판드레우 총리의 취임

1981년에 범그리스 사회주의운동(PASOK)이 '변화'를 슬로건으로 내걸고 압승하여 집권하게 됩니다. 그리스 최초의 사회주의 정부는 1960년대에 잠시 권력을 잡았던 게오르기오스 파판드레우의 아들인 안드레아스 파판드레우가 이끌었습니다. 새 정권은 산뜻하게 출범했습니다. 제2차 세계대전 당시의 저항운동이 처음으로 공식적으로 인정을 받게 됩니다. 농촌 여성들에게는 남편과 같은 액수의 연금을 주었습니다(놀라운 일이었죠!). 민권법도 도입되었답니다. 부친의 실수를 교훈삼아 안드레아스는 군부와도 원만한 관계를 유지하려고 노력했습니다.

염소들을 부르지 않았어요.
파판드레우에게 표를 달라고
말했을 뿐인 걸요.

■ 파판드레우와 미미

그리스 정치가 다시 한번 세계 언론으로부터 크게 주목받은 것은 1988년이었습니다. 그런데 이번에는 정치문제나 경제문제 때문이 아니었습니다. 당시 70세에 가까웠던 안드레아스 파판드레우 총리가 심장수술을 받으러 영국으로 가면서 미미라는 금발의 항공사 여승무원과 동행했다는 사실 때문이었습니다. 그는 고령인데다 건강도 다

안드레아스는 항상 높이 나는
새처럼 야심이 컸지.

소 위험한 상태였습니다. 이 사실이 신문에 대대적으로 보도됩니다. 파판드레우 총리에게는 아내(물론 미미는 아니었죠)가 있었으므로, 많은 그리스 국민들은 충격을 받았으며 분개했습니다. 한편으로는 이 노인의 정력에 감탄한 사람들도 꽤 있었답니다.

지금도 그리스 정치는 음모와 부패사건, 사퇴, 제휴 등으로 험난한 길을 계속 가고 있습니다. 그러나 그리스 국민들이 다양한 목소리의 민주주의를 선호한다면 그럴 만한 자격이 있습니다. 누가 뭐라고 해도 처음으로 민주정치를 창안한 것은 바로 그리스 사람들이었으니까요.

그리스의 성적표

음식 : 1점　토마토, 페타 치즈, 생선, 경우에 따라 바싹 굽는 양고기 등이 유명하죠. 그리스 음식은 건강에는 좋지만 맛은 별로 없어요. 터펜틴으로 빚는 수지향 포도주를 곁들이기도 합니다.

문학과 예술 : 5점　고대에는 유럽의 정상이었답니다. 그리스의 문학, 예술, 철학은 서양 문화 전반에 영향을 미쳤습니다. 하지만 그 이후로는 이렇다 할 만한 것이 없었습니다. 부주키는 그리스의 전통 현악기로 연주 소리는 서양 사람들의 귀에는 다소 동양적으로 들리죠. 언어 장벽(무슨 소리인지 알아들을 수 없는 말을 하면, 그리스 말을 한다고들 하죠) 때문에 현대 그리스 문학이 다른 나라에 잘 알려지지는 않았답니다. 하지만 니코스 카잔차키스의《그리스 인 조르바》만은 예외죠.

경치 : 8점　날씨는 덥고, 바위가 많습니다. 하지만 푸른 바다와 세계에서 가장 멋진 유적지가 있습니다.

정치 : 6점　그리스 국민들이 좋아하는 오락거리로서, 끝날 줄 모르는 연속극이며 스릴러물이라고 할 수 있어요. 과거에는 폭력과 피로 얼룩졌으며, 오늘날에도 아슬아슬하답니다. 그리스 사람 둘이 모이면 싸움이 나고, 셋이 모이면 정당을 만든다는 말이 있을 정도입니다.

국민성　불 같으면서 극적입니다. 싸울 사람을 외부에서 찾지 못하면 그리스 사람들끼리 싸움을 시작하죠. 반면에, 낯선 사람에게는 매우 우호적이고 친절합니다. 오랜 시련의 역사를 지닌 국민으로서, 항상 주목할 필요가 있습니다. 그리스 사람들은 결코 따분하지가 않답니다.

6장 행복한 네덜란드

여러분은 네덜란드 하면 먼저 풍차, 튤립, 붉고 둥근 치즈, 델프트 도기 따위가 떠오를 것입니다. 또는 제방에 생긴 구멍을 손가락으로 막아 제방의 범람을 멈추게 했던 한 작은 소년이 생각날지도 모릅니다. 대체로 산뜻하고, 깔끔하며, 다채롭고, 품행이 단정한 나라가 떠오르겠죠.

진부한 생각 속에도 어느 정도의 진리가 담겨 있습니다. 네덜란드 사람들은 질서를 잘 지키고, 점잖으며, 가족을 사랑합니다. 반면에

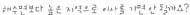

해수면보다 높은 지역으로 이사를 가면 안 될까요?

아뇨. 용감해서
이렇게 된 게 아니에요.
얘는 벌에 쏘였어요.

유럽에서 범죄율이 가장 높은 나라 가운데 하나이기도 합니다. 또한 마약과 성에 대한 정책이 개방적인 것으로도 유명하죠.

네덜란드는 국토의 대략 절반 정도가 해수면보다 낮다는 점이 특징입니다.

바다를 간척한 이 지역들을 모래 언덕과 인공 제방으로 보호하고 있습니다. 앞의 소년 이야기에 인공 제방이 등장하죠(소년의 손가락이 아주 굵었거나, 아니면 제방에 생긴 구멍이 아주 작았겠죠).

■ 네덜란드 연합왕국

대부분의 유럽 국가들처럼 네덜란드의 역사도 매우 험난했습니다 (영국인들은 홀랜드라고 하지만, 엄밀히 말해서 홀랜드는 지역을 가리킬 뿐입니다. 올바른 국호는 네덜란드랍니다). 이웃한 여러 강대국들에 정복당하고 이웃 벨기에와 합쳐지기도 하면서 네덜란드는 네덜란드, 스페인령 네덜란드, 오스트리아령 네덜란드로 불렸습니다. 1795년과 1813년 사이에는 프랑스의 영향권하에 있었답니다.

나폴레옹을 워털루에서 물리친 동맹국들은 그들 나라들과 프랑스 사이에 조그마한 중립 왕국을 세우기로 결정합니다. 그들은 자기네들 마음대로 벨기에와 네덜란드를 합쳐서 네덜란드 연합왕국이라 칭했으며, 오라녜 공 빌렘을 빌렘 1세로 앉혔습니다.

■ 벨기에여 안녕

빌렘 1세의 새 왕국은 얼마 지나지 않아 분열되었습니다. 네덜란드의 빌렘 1세의 통치가 다소 강압적이라고 생각한 벨기에 사람들이 독립을 한 것이죠. 1831년에 벨기에 사람들은 벨기에 왕국을 세웁니다. 이 왕국에 속하지 않았던 땅, 즉 네덜란드 지역이 오늘날의 네덜란드가 되었습니다.

자신의 새 왕국이 반으로 쪼개지는 것을 못마땅하게 여긴 빌렘 1세는 벨기에를 되찾으려 애썼지만 별다른 성과는 없었습니다. 그는 1839년까지 계속 노력하다가 림뷔르흐 지역의 일부만을 되찾고 포기를 하게 되죠(림뷔르흐 치즈는 냄새가 엄청 고약하기로 유명하죠. 벨기에 사람들은

기쁜 소식이야! 우린 고향 벨기에로 돌아가고, 림뷔르흐 는 네덜란드에 되돌려주게 되었어.

모르긴 해도 그 지역을 내주며 기뻐했을 거예요). 그후로는 벨기에와 네덜란드의 국경선은 거의 변화가 없었습니다.

■ 빌렘 2세의 즉위

영토가 줄어든 네덜란드에서 빌렘 1세는 백성들이 자신을 사랑하지 않는다는 사실을 알게 되었습니다. 그는 네덜란드를 길고도 비용이 많이 들어간 전쟁에 몰아넣고서는 이렇다 할 성과를 거두지 못했던 것이죠(냄새 고약한 치즈를 무한정 공급받을 수 있게 된 것이 성과라고

나 할까요). 더구나 그는 다소 보수적인 인물로서 국민들의 개혁에 대한 요구를 별로 달가워하지 않았습니다. 1840년에 빌렘 1세는 너무 지쳐서, 발끈하여 왕위를 그의 아들 빌렘 2세에게 물려주고 퇴위했습니다. 빌렘 2세는 전형적인 군인으로서 워털루 전투에서 부상을 당하기도 했던 인물입니다.

■ 새로운 헌법의 제정

개혁에 대한 요구는 빌렘 2세의 재위 기간 중에도 계속됩니다. 그는 부왕보다는 조금 더 융통성이 있는 사람이어서, 폭동이 발생하자 현명하게도 양보를 했습니다.

새로운 헌법이 제정되어 집회를 열 수 있는 권리와 선거권 및 무상으로 교육을 받을 권리가 주어졌으며, 무엇보다도 가장 중요한 것은 의회가 나라의 돈주머니를 관리할 수 있게 되었다는 사실이었습니다.

빌렘 2세의 새로운 헌법 제정이 결국에는 현명한 조치였음이 드러나게 됩니다. 그해에 혁명이 맹위를 떨쳤으며, 유럽 각지에서 왕조가 무너지고 있었죠. 하지만 빌렘 2세는 용케도 자신의 왕좌를 지켜내어 아들 빌렘 3세에게 그 자리를 물려주었습니다.

■ 빌렘 3세의 즉위

자유화는 빌렘 3세 재위 기간 중에도 계속되었으며, 그는 41년 동안 네덜란드를 통치합니다. 이 기간 중에 산업이 발전했으며, 국유철도망이 연결되었고, 로테르담이나 암스테르담과 같은 무역항들이 대도시로 발전하게 됩니다. 정당정치도 발전하여 사회주의자가 최초로 의회에 진출하기도 했습니다(그는 분명 외톨이였을 겁니다).

■ 빌헬미나 여왕의 시대가 시작되다

빌렘 3세가 1890년에 사망하자 네덜란드 사람들은 그들을 다스릴 빌렘이라는 이름의 왕이 더 이상 없음을 깨닫게 됩니다. 그들은 차선책으로 빌헬미나라는 이름의 여왕을 맞이하게 되는데, 그녀는 빌렘 3세의 딸이었

죠. 빌헬미나는 1948년까지 여왕의 자리를 지켜 재위 기간이 58년으로 부왕보다 더 길었답니다.

■ 빌헬미나 여왕에게 전쟁은 없다

네덜란드는 제1차 세계대전 당시에 용케도 중립을 유지할 수 있었습니다. 하지만 연합국측에서 독일로 보급품이 들어가는 것을 차단하기 위해 네덜란드 항구들을 봉쇄하여 한동안 네덜란드 사람들은 굶주리기도 했습니다. 1917년에는 모든 국민들이 투표를 할 수 있게 됩니다(그들에게는 따뜻한 식사 한 끼가 더 절실했을지도 모르겠군요). 전쟁이 끝나자 네덜란드는 다시 번영을 누립니다. 올림픽 대회가 다시 시작되었으며, 1928년에는 암스테르담에서 제9회 하계 올

림픽 대회가 개최되었습니다.

■ 나치 독일에 점령되다

네덜란드는 제2차 세계대전 중에도 중립을 지키려 애썼으나, 히틀러가 가만 내버려두지 않았습니다. 독일군이 폭격기로 로테르담을 거의 폐허로 만든 후에, 1940년에 네덜란드를 침공합니다. 빌헬미나 여왕은 런던으로 피신했으며, 곧 나라 전체가 나치에 점령되었죠.

강한 네덜란드 사람들은 이내 저항운동 단체를 조직하여 독일군의 보급품과 탄약을 못 쓰게 만들었으며, 격추된 연합군 비행기 조종사들의 탈출을 도왔습니다. 제2차 세계대전 중에 2만 명이 넘는 네덜란드 인 저항운동 전사들이 사망했습니다.

나치는 끔찍한 유대 인 말살정책을 실행하며 암스테르담의 유대 인 구역을 청소하여 그곳의 유대 인들을 독일에 있는 죽음의 수용소로 보내버렸습니다. 그 기간 동안 많은 유대 인들이 숨죽이며 살았습니다. 안네 프랑크라는 한 유대 인 소녀의 일기가 책으로 발간되어 많이 팔렸죠. 그녀는 가족과 함께 숨어 지내다가 독일군에 붙잡혀 강제수용소에서 비참하게 죽게 됩니다.

■ 마켓 가든 작전

전쟁이 막바지로 치닫자, 영국과 미국은 꾀를 내어 종전을 앞당기기로 했습니다. 일명 '마켓 가든 작전(Operation Market Garden)'으로, 낙하산 부대를 활용해 독일의 점령지 네덜란드를 통과하여 독일에 곧바로 연결되는 '통로'를 만들자는 계획이었습니다. 그러기 위해서는 도중에 세 강들에 놓여 있는 다리를 점령해야 했습니다.

무척 위험한 이 작전은 출발은 좋았지만 예상치 못한 장애가 발생했습니다. 독일군의 저항이 예상보다 강했던 것입니다. 아른헴에 있던 세 번째 다리에서는 상황이 매우 나빴습니다. 치열한 전투 끝에 공수부대원들은 다리의 한쪽 끝만을 간신히 장악할 수 있었으며, 진격하고 있던 영국군은 제때 그들과 합류할 수 없었습니다. 다리를 방어하고 있던 병사들 대부분이 전사했으며, 살아남은 병사들은 철수해야 했습니다(리처드 애튼버러의 영화 〈머나먼 다리〉는 아른헴의 상황을 정확하고 흥미롭게 그려주고 있습니다. 이 영화에는 스타들이 총출동하죠).

■ 길고도 힘들었던 싸움

마켓 가든 작전이 실패로 돌아감으로써 나치를 네덜란드에서 몰아내는 데 1년이 더 걸렸으며, 그 싸움은 매우 힘들었습니다. 식량과 연료의 공급은 예전처럼 점령군인 나치 군대가 장악하고 있었습니다. 네덜란드 사람들은 독일군이 1945년에 캐나다 군에 항복할 때까지 굶주림에 시달려야 했습니다.

■ 네덜란드의 재건

전후 시기에는 전쟁으로 피폐해진 유럽의 다른 나라들과 마찬가지로 네덜란드 역시 모든 것들을 제자리로 돌려놓느라 정신이 없었습니다. 로테르담은 처음부터 다시 시작해야 했습니다. 시골지역을 물에 잠기게 하여 독일군의 진격 속도를 늦추려고 파괴했던 많은 제방들도 다시 수리해야 했습니다.

저 사람은 유령선 선장이 아니에요.
심심해서 놀고 있는 마을 사람일 뿐이죠.

■ 빌헬미나 여왕의 퇴위

독일로부터 해방된 후에 왕좌를 되찾은 빌헬미나 여왕은 1948년에 퇴위합니다. 58년의 재위 기간과 세계대전도 두 차례나 겪었으니 휴식이 필요했던 거죠! 왕위는 딸 율리아나에게 물려주었습니다.

■ 식민지의 독립

네덜란드의 오랜 식민지였던 수마트라와 자바는 제2차 세계대전 중에는 일본군에 점령되었습니다. 일본으로부터 해방된 이 식민지

주민들은 독립을 요구합니다. 네덜란드는 부질없이 무력으로 그들을 막으려 하다가 다른 식민지 종주국들과 마찬가지로 1949년에 이 식민지들의 독립을 승인해주었습니다.

■ 대홍수의 발생

1953년에 비정상적으로 높아진 바닷물이 젤란트 지역의 제방을 휩쓸어버려 참사가 발생하게 됩니다. 수천 에이커의 땅이 물에 잠겼고, 익사한 사람이 약 1,800명에 달했습니다. 그러자 네덜란드 사람들은 새롭게 바다 제방을 쌓고, 스헬데와 마스 강의 어귀를 메웠으며, 1986년에는 거대한 폭풍해일 방벽을 완성하여 이에 대처하게 됩니다.

■ 유럽 공동시장 출범에 힘을 보태다

항상 국제적이었으며 유럽과의 무역에 크게 의존하고 있던 네덜란드는 1957년에 유럽 공동시장의 창설 회원국이 되었습니다.

림뷔르흐 치즈를 수출할 수만 있다면, 네덜란드는 기꺼이 유럽 공동시장에 참여할 것입니다.

■ 베아트릭스 여왕의 즉위

3명의 빌렘 왕이 네덜란드를 통치하고 난 후에 연이어 3명의 여

왕이 즉위를 하게 됩니다. 1980
년에 율리아나 여왕은 32년간
의 치세를 끝내고 딸에
게 왕위를 물려주었는
데, 그녀가 베아트릭스
여왕이 되었습니다. 나막
신, 운하, 튤립, 자전거,
풍차가 네덜란드의 전부라고

는 말할 수 없습니다. 오늘날의 네덜란드는 민주정부가 들어선 정치
적으로 안정된 나라이며, 그 왕실은 국민들의 사랑을 받고 있습니
다. 영국도 그런가요?

네덜란드의 성적표

 음식 : 5점　매우 다양한 종류의 맥주가 있으며, 네덜란드의 진인 제네바라는 독주도 빼놓을 수 없습니다. 반면 음식은 스테이크, 치킨, 치즈 등과 같이 대체로 소박한 편이죠. 특별한 생선요리가 많은데, 특히 훈제 청어가 유명하며 청어를 날것으로 먹기도 합니다. 오래 전 식민지 시대의 유물인 이국적인 인도네시아 식당에 가면 쌀과 온갖 재료를 이용해 만드는 요리인 레스타펠을 맛볼 수 있습니다.

내 아내의 이름은 제네바가 아니라
제네퍼인데도 성격이 불 같다네.

문학과 예술 : 7점　언어 장벽을 뛰어넘어 성공한 문학작품은 그다지 많은 편이 아닙니다. 《안네 프랑크의 일기》 이외에 소설가 니콜라스 프릴링의 '피에트 반 데르 발크 경감' 시리즈가 세계적으로 유명합니다(텔레비전에서도 볼 수 있었죠).

미술 분야에 매우 높은 점수를 줄 수 있는 네덜란드는 보스, 렘브란트, 할스, 베르메르 등과 같은 훌륭한 화가들을 배출했습니다. 물론 반 고흐도 빼놓을 수 없죠(귀와 관련된 농담은 하지 맙시다).

경치 : 6점　네덜란드는 평지의 작은 땅덩이며, 운하와 풍차가 많고 이들은 나름의 매력을 지니고 있습니다. 암스테르담, 에인트호벤, 로테르담과 같은 주요 도시의 건물들은 멋지며, 델프트를 비롯한 아름답고 유서 깊은 도시들도 많습니다.

정치 : 8점　점잖고, 민주적이며, 안정되어 있다고 할 수 있죠. 비례대표제의 실시로 군소 정당이 많이 생기게 되었고, 이것은 타협과 연립의 기회가 많음을 의미합니다.

국민성　꽃에 대한 낭만적 사랑을 지녔고, 차분하며, 평화를 사랑합니다. 하지만 지나치게 들볶으면 강인해지기도 한답니다. 대체로 잘 짜여진 작은 팀이라고 할 수 있어요. 네덜란드 사람들은 우리 모두의 모범이 되며, 이들을 통해 통합된 유럽의 밝은 미래를 엿볼 수 있습니다.

자, 더치 페이 합시다!

7장 못 말리는 아일랜드

얼마 전에 아일랜드 출신의 친구 패트릭과 아일랜드에 살고 있는 영국인들을 두고 격론을 벌인 적이 있습니다.

"영국인들은 아일랜드를 떠나야 해!" 그 친구가 이렇게 말하며 탁자를 얼마나 세게 쳤던지, 기네스 맥주잔이 엎질러지고 말았습니다. "영국인들이 아일랜드에 머무를 권리는 전혀 없지!"

"자네 말이 맞을지도 몰라." 제가 말했습니다. 그러자 패트릭은 탁자를 더욱 세게 쳤습니다.

"그렇다고 영국인들이 그냥 떠나버리면 어떻게 하나? 남아서 문제 해결을 돕는 게 그들의 의무 아냐?"

"하지만 자넨 우리 영국인들이 떠나야 한다고 하지 않았나?"

"그래야지! 당연히 영국인들이 아일랜드에 머무를 권리는 없거든."

영국과 아일랜드 간의 정치가 바로 이런 식입니다. 어느 쪽도 만족할 수 없는 거죠. 수백 년 동안 영국은 아일랜드 인들을 진정시켜서 훌륭하고 말 잘 듣는 영국 백성으로 만들려고 무척 애를 썼습니다. 아일랜드 인들도 영국인들을 몰아내고 자신들의 나라를 스스로 꾸려나가려고 영국인들보다 더 열심히 노력했습니다. 그러나 이러한 노력이 방해를 받았던 이유는 아일랜드 인들이 영국인들에 맞서는 것과 거의 비슷한 정도로 자신들끼리 으르렁거리기를 좋아했기 때문입니다.

■ 서력기원이 시작될 무렵

아일랜드의 역사는 지금부터 약 2,000년 전쯤에 서력기원이 시작될 무렵의 머나먼 과거로 거슬러올라갑니다. 당시 아일랜드는 켈트 족의 본거지로서, 켈트 족은 쿠훌인이나 핀 막 쿠마일 같은 힘센 영웅들을 숭상했던 호전적인 민족이었습니다. 당시에 최고의 일은 전쟁터에서 영웅이 되어 돌아와 음유시인들에 둘러싸여 서사시로 찬양받는 것이었답니다. 아일랜드 인들의 두 가지 중요한 취미인 싸우기와 글쓰기는 고대에서부터 시작되었다고 할 수 있죠.

죄송해요. 쿠훌인과 운이 맞아 떨어지는 시어가 도저히 떠오르지 않는군요.

■ 경건한 아일랜드

그러다가 기독교가 전래됨으로써 이 모든 것들은 중단됩니다. 로마 제국이 쇠퇴할 무렵에 기독교는 크게 발전해가고 있었습니다. 로마 제국이 붕괴되자 온갖 신앙인들이 아일랜드로 피신을 했습니다. 그들은 털북숭이 야만인들이 아일랜드에서 그들을 결코 찾지 않을 것이며, 설령 그렇다고 하더라도 아일랜드의 기후를 절대로 견딜 수 없을 것이라 생각했을 것입니다. 수도원들이 우후죽순처럼 생겨나기 시작하여, 기독교는 물론 라틴 어 및 로마 문화의 유산까지도 보존하는 역할을 했습니다.

유럽의 다른 나라들이 전쟁과 노략질에 열을 올렸던 이른바 암흑시대에도 아일랜드 수도사들은 죄 많은 유럽 대륙에 복음을 전파했으며, 경건하고 비교적 평화로울 수 있었습니다. 전형적으로 아일랜드적인 상황이라고 할 수 있는 것이 바로 이것이겠죠.

■ 성 패트릭, 아일랜드에 붙들려오다

아일랜드의 종교 역사상 가장 위대한 인물은 전설적인 성 패트릭입니다. 그는 16세 소년이었을 때 브리튼을 습격한 아일랜드 해적들에 붙들려 노예가 되어 로마로 가게 됩니다. 그는 탈출하여 선교사로서 아일랜드로 돌아와서 아일랜드 사람들을 기독교로 개종시켰으며 사악한 무리들을 쫓아냈습니다. 성 패트릭은 불 같은 성격의 인물로서, 그 누구든 자신을 괴롭히려고 하면 악담이나 저주를 퍼붓는 것도 마다하지 않았다고 합니다. 장차 성인聖人이 될 불 같은 성격의 패트릭은 한번은 먼스터의 대왕을 개종시키려다가 자신의 지팡이로 땅바닥을 세게 쳤는데, 어찌나 세게 쳤던지 지팡이가 대왕의 한쪽 발을 관통했다고 합니다. 이러한 '근육적 기독교'의 본보기에 깊은 인상을 받은 대왕은 그 자리에서 개종을 하게 됩니다.

독사들아, 아일랜드를 떠나 다른 곳에서 알을 품을지어다.

■ **바이킹의 습격**

아일랜드는 수도원의 보물을 노렸던 바이킹의 습격을 끊임없이 받았습니다(수도사들은 정교한 금은 세공품뿐만 아니라 채식 사본, 다시 말해 고도로 장식된 필사본의 제작 기술을 발전시켜오고 있었죠).

바이킹 중 일부는 잉글랜드에서와 마찬가지로 아일랜드가 무척 마음에 들어 아예 머물기로 했습니다. 그들은 795년에 아일랜드를 침략한 후에 배를 타고 재빨리 도망갈 수 있도록 주로 강어귀에 성벽으로 둘러싸인 도시들을 많이 건설했습니다.

우린 여기서 살 거예요.

■ 스트롱보, 아일랜드에 상륙하다

잉글랜드를 정복하여 기세가 등
등해진 노르만 정복자들은 아일
랜드로 탐욕스런 눈길을 돌
립니다. 스트롱보로도 알려
진 리처드 피츠 길버트 드 클레
어라는 이름의 군사모험가는 아일
랜드에 들어온 최초의 인물 가운데 한 사람이었습니다(그는 자신의
사과술을 팔아먹을 새로운 시장을 찾고 있었는지도 모르죠). 이후 많은
앵글로-노르만 사람들이 아일랜드에 와서 성을 쌓아 유명한 아일랜
드의 건축술을 일으켰습니다.

■ 헨리 2세, 아일랜드 장악을 시도하다

스트롱보의 세력이 커지자 잉글랜드 왕 헨리 2세는 이를 우려하
며 대군주로서의 입지를 확립하기 위해 자신이 직접 아일랜드를 침
략합니다. 이미 1154년에 유일한 잉글랜드 출신의 교황이었던 교황
아드리안 4세가 헨리 2세에게 아일랜드에 대한 지배권을 공인해준
적이 있었습니다.

헨리 2세의 대략적인 구상은 앵글로-노르만이 아일랜드를 획득하
는 것이었지만, 아일랜드 사람들이 워낙 거세게 저항하여 그의 계획
은 실행되지 못했습니다. 잉글랜드 왕의 통치권은 '페일'이라 불렸
던 더블린 지역을 제외하고는 영향을 미치지 못했습니다(그래서 '페
일pale'이라는 단어가 울타리 혹은 경계를 뜻하게 되었답니다).

■ 킬케니 법

그럼 아일랜드에 정착한 노르만 출신 이주자들의 삶을 살펴봅시다. 그들은 아일랜드의 생활방식을 매우 좋아하여 아일랜드 인들보다 더 아일랜드적으로 변하기 시작했습니다. 이주자들이 아일랜드 원주민들에 동화되어가는 것을 우려한 에드워드 3세의 아들 클래런스 공은 킬케니 법이라는 민족 차별적인 일련의 법을 시행합니다. 민족간의 결혼은 물론이고, 아일랜드식의 이름과 복장, 심지어 아일랜드 어 사용을 금지했으며, 아일랜드 인들은 성벽으로 둘러싸인 도시 안으로 들어갈 수도 없었습니다.

■ 헨리 8세의 반격

그 다음 몇백 년 동안 잉글랜드는 자기네들끼리 싸우느라 아일랜드에 시련을 안겨줄 틈이 없었습니다. 그러나 헨리 8세(결혼을 여러 번 했던 그 뚱보 왕이 맞아요)는 이혼을 빨리 해야 했기 때문에 로마 교회와의 분리를 선언했는데,

토지를 몰수했으니 아일랜드 사람들의 속이 부글부글 끓고 있을 것입니다.

또 배가 고픈걸

이것으로 평화로운 시절도 끝이 나게 됩니다.

신앙은 아일랜드 문제에 있어서 항상 중요한 역할을 담당해왔으며, 아일랜드의 성직자들은 즉각 이 불경스런 왕에 반기를 드는 내용의 설교를 했습니다(아일랜드 원주민들과 노르만 출신의 이주자들을

카톨릭 신앙이 하나로 묶어주고 있었습니다). 그러자 헨리 8세는 수도원을 폐쇄시키고 자신의 지지자들을 약탈함으로써 보복했습니다. 1534년에는 전면적인 반란이 일어났으며, 폭도들은 1540년이 되어서야 진압됩니다. 교활한 헨리 8세는 아일랜드 군주와 귀족들의 토지를 넘겨받아 되돌려주며, 아일랜드 인은 잉글랜드 왕을 대신하여 토지를 맡아주고 있을 뿐임을 인정한다는 조건을 달았습니다.

■ 엘리자베스 1세, 분쟁의 씨를 뿌리다

그 다음으로 아일랜드 사람들에게 시련을 가져다주었던 잉글랜드 인은 엘리자베스 1세 여왕이었습니다. 아일랜드를 완전히 잉글랜드 땅으로 만들려고 작정했던 그녀는 아일랜드 땅을 빼앗아 그것을 충성스런 잉글랜드의 백성들에게 넘겨주는 정책을 폈습니다. 그러한 땅을 '플랜테이션' 이라고 했는데, 이것이 훗날 분쟁의 불씨가 됩니다.

■ 백작들의 탈출

엘리자베스 1세의 반대가 심했던 '플랜테이션' 정책을 시행하자 반란이 일어났습니다. 가장 마지막 봉기는 아일랜드 귀족 출신의 위대한 휴 오닐이 이끌었습니다. 그러나 그는 오기로 약속되어 있던 스페인의 지원군이 제때

저기 또 백작들이 날아가는군.

도착하지 않음으로써 킨세일에서 패하게 됩니다. 대부분의 아일랜드 귀족들은 기존의 권력을 빼앗기고 끊임없이 의심을 받게 되자 유럽으로 건너갔는데, 이러한 대이동을 가리켜 '백작들의 탈출'이라고 합니다.

■ 설상가상 제임스 1세

이 무렵 엘리자베스 1세는 왕족들의 반발을 잠재웠으며, 그녀의 사촌이자 스코틀랜드 여왕이었던 메리의 아들 제임스 6세가 잉글랜드의 제임스 1세가 되었습니다. 그는 곧바로 같은 스코틀랜드 출신의 동포들이 얼스터(지금의 북아일랜드)로 이주하여, 몰수된 아일랜드 인들의 땅을 차지하도록 부추겼습니다. 당연히 땅을 빼앗긴 아일랜드 사람들은 이러한 조치를 순순히 받아들이지 않았죠. 나라 전체가, 특히 얼스터 지역이 신앙에 따라 나뉘어져, 카톨릭을 믿었던 아일랜드 원주민들과 프로테스탄트를 믿었던 잉글랜드 및 스코틀랜드 이주자들이 대립하게 됩니다(아일랜드와 영국은 오늘날까지도 이 때문에 고통받고 있습니다. 이 이야기는 조금 있다가 더 하기로 하지요).

■ 크롬웰의 아일랜드 원정

여러분은 영국과 아일랜드의 사이가 이보다 더 나빠지지는 않았을 것이라 생각할지 모르지만, 실제로는 더 악화되었습니다. 1642년에 잉글랜드 인들은 내란을 겪게 되었고, 불운한 아일랜드 사람들은 패한 편을 지지했죠. 잉글랜드 왕 찰스 1세가 카톨릭을 지지한다고 믿었던 아일랜드 인들은 그를 지지하여 무장봉기를 일으켰습니다.

하지만 내란이 끝나자 크롬웰이 확실한 승리자가 되었습니다. 그는 찰스 1세를 처형하고는 곧바로 아일랜드의 질서 회복으로 관심을 돌립니다. 1649년에 그는 자신의 철기병들을 거느리고 더블린에 도착했습니다.

드로이다 공격에서 수천 명의 아일랜드 주민들을 무자비하게 학살했는데, 이들 중에는 여성들과 아이들도 많았습니다.

크롬웰은 웩스퍼드와 뉴로스를 공격하기 위해 진군했습니다. 전쟁이 끝날 무렵이 되자 아일랜드 인구의 1/4이 목숨을 잃었으며, 살아남은 사람들은 서인도 제도에 노예로 끌려가기도 했습니다. 또한 그는 정착법을 통과시켜 광활한 아일랜드 인들의 토지를 빼앗았습니다. 이렇게 몰수된 토지로 급료를 지급받았던 크롬웰의 병사들 가운데 상당수가 아일랜드에 정착했습니다. 아일랜드 사람들이 오늘날까지도 크롬웰을 미워하는 것은 당연하겠죠?

■ 바람둥이 찰스 2세

크롬웰이 죽자 잉글랜드 인들은 기분 전환을 원했습니다. 그들은 쫓겨났던 찰스 2세를 다시 불러들여 왕으로 옹립합니다. 사람들은 죽은 자신의 아버지처럼 찰스 2세 역시 카톨릭에 동정적일 것이라고 생각했습니다. 하지만 그는 왕좌를 되찾으려고 런던과 더블린의 프로테스

짐에게는 그대와 그대의 오렌지가 있으니,
짐은 아일랜드 인들과
감자에는 관심이 없도다.

탄트 세력들과 거래를 해야 했으므로 그로서도 어쩔 수가 없었습니다(더구나 그는 넬 권을 비롯한 많은 여성들 때문에 무척 바빴죠).

■ 제임스 2세의 시련

1685년에 찰스 2세의 동생 제임스가 왕위를 이어받았습니다. 제임스 2세는 진정으로 카톨릭에 동정적이었으며 도움을 주려고 노력했습니다. 실제로 그는 정착법을 폐지시켰으며, 이는 이론상 크롬웰이 빼앗았던 아일랜드 땅을 되돌려주는 것을 의미했습니다. 아일랜드 사람들에게는 다행스러운 일이지만, 잉글랜드 인들의 기준으로는 제임스 2세가 지나치게 카톨릭을 옹호한 것이었습니다. 1689년에 잉글랜드 인들은 제임스 2세를 쫓아내고 그 자리에 프로테스탄트였던 오라녜 공 빌렘을 앉혔습니다.

제임스 2세는 아일랜드로 피신하여 그곳에서 군사를 일으켰습니다. 처음에는 성공적이었으나 데리 포위 공격에서 그곳의 어린 도제들의 저항을 받아 함락시키지 못했으며, 1690년에는 보인 강 전투에서 빌렘에게 참패하게 됩니다. 여기에서 그 유명한 프로테스탄트 비밀결사인 오렌지 당이 유래했으며, 그 이름은 오라녜 공 빌렘에게서 따온 것입니다(이 두 차례의 프로테스탄트 진영의 승리는 오늘날 북아일랜드에서 기념일로 축하되고 있습니다. 데리의 '도제 소년들'은 다시 등장하게 됩니다).

■ 식민지 형법

그로부터 약 100년 동안은 아일랜드 카톨릭 교도들의 형편이 그다지 개선되지 않았습니다. 집권한 프로테스탄트 세력은 아일랜드 주민들의 기를 꺾기 위해 가혹한 법률들을 제정합니다. 이 형법에 따르면, 아일랜드의 카톨릭 교도들은 투표를 할 수도 군대에 갈 수도 없었고, 심지어는 카톨릭 신앙을 자녀들에게 가르칠 수도 없었습니다. 아일랜드의 음악 및 말과 글도 완전히 금지되었습니다. 하지만 아일랜드 사람들은 몰래 '노천학교'를 열

영국인들이
미소 짓고 있으면…

어 자신들의 말과 글을 보존하려는 노력을 계속했습니다.

■ 너무나 짧았던 독립

이 무렵 더블린에 아일랜드 자치의회가 허용되었습니다(하지만 이는 집권세력인 프로테스탄트들만을 위한 의회였습니다). 1782년에 아일랜드 의회는 어느 정도 독립을 인정받게 됩니다. 이로써 아일랜드는 잉글랜드에서 분리되지만, 통치는 잉글랜드 왕이 하기로 합니다.

■ 프랑스 식 혁명이 일어나다

그러나 곧 아일랜드 인들은 프랑스 혁명이라는 사건으로 동요하게 됩니다. 그들은 1791년에 울프 톤이 이끄는 아일랜드 연맹을 결성했습니다. 울프 톤은 프랑스 혁명정부에 도움을 요청하여 지원 약속을 받았습니다. 1798년에 무장봉기가 발생했습니다. 험버트 장군의 지휘 아래 메이오에 상륙한 프랑스 군은 초기에는 전과를 올리다

가 곧 패합니다(기네스 맥주에 취해서 그랬는지도 모르죠). 또 다른 프랑스 군이 도니골에서 패했으며, 울프 톤은 프랑스 기함에서 붙잡힙니다. 그는 재판에서 반역 혐의로 유죄 판결을 받았으며, 피고석에서 감동적인 진술을 한 후에 사형선고를 받았습니다. 이때부터 불운한(그러나 무척 낭만적인) 아일랜드 혁명가들의 기나긴 전통이 시작되었습니다.

기네스 맥주, 아니 아일랜드 만세!

■ 연합의 대가

이러한 혁명사태에 놀란 잉글랜드는 협박과 매수를 동원하여 아일랜드 의회가 표결을 통해 스스로 해산하도록 설득했습니다. 합동법이 통과되어 아일랜드가 법적으로 잉글랜드의 일부가 된 것이죠. 그때부터 아일랜드 출신 의원들이 잉글랜드 의회로 진출했지만, 그 수가 너무나 적어 별 도움이 되지는 못했습니다.

■ 드디어 해방

아일랜드 정치에서 빼놓을 수 없는 또 한 사람은 다니엘 오코늘이라는 카톨릭 교도 출신의 변호사입니다. 그는 1828년에 클레어 주를 대표하여 잉글랜드 의회 의원에 선출됩니다. 오코늘이 카톨릭 신자였으므로 등원할 수 없었으나, 그의 인기가 매우 높았으므로 법을 개정해야 했습니다. 1829년에 카톨릭 교도 해방법이 통과되어 (전부가 아닌) 일부 카톨릭 교도들에게 투표권이 주어졌습니다. 당시에는 잉글랜드에서와 마찬가지로 토지를 소유하고 있어야 투표를 할 수 있었습니다. 하지만 이것은 시작에 불과했습니다.

■ 오코늘을 시장으로!

오코늘의 인기가 폭발한 것은 당연하겠죠. 1841년에 그는 더블린 시장으로 선출됩니다. 이제 그의 목표는 잉글랜드와의 연합을 폐기하고 아일랜드의 독립을 되찾는 것이었습니다. 그는 아일랜드 전역을 돌아다니며 대규모 집회장에서 연설을 했습니다. 전설의 타라 언덕에서 개최된 집회에는 100만 명의 청중들이 모여들었다고 합니다.

■ 오코늘, 집회를 취소하다

1843년 10월에 오코늘은 클론타프에서 개최될 대규모 집회에서 연설을 하기로 되어 있었습니다. 클론타프는 먼 옛날에 아일랜드의 브라이언 보루 대왕이 바이킹을 무찔렀던 곳입니다. 오코늘의 인기는 절정에 이르렀으며, 전세계적인 지지를 얻었던 그의 운동이 이 집회에서 최고조에 이르려 하고 있었습니다. 잉글랜드 당국은 이 집회를 불법으로 규정합니다.

오코늘이 행사를 강행했더라도 당국은 집회를 중지시키지는 못했을 것입니다. 당시에는 모든 아일랜드 사람들이 오코늘을 지지했으니까요. 하지만 간교한 잉글랜드 인들은 오코늘의 과거 행적을 낱낱이 알고 있었습니다. 오코늘이 결투를 벌여 어떤 남자를 죽인 적이 있으며, 그 충격에서 완전히 헤어나지 못하고 있다는 사실을.

그는 "인간이 흘린 피 한 방울이 그 어떤 정치개혁보다 소중하다" 고 말한 적이 있었습니다. 오코늘은 집회를 취소시켰습니다. 그가 집회를 취소한 이유가 훌륭한 것이긴 했으나, 그 결과는 비극적이 었습니다. 오코늘의 지지자들은 배신감을 느껴 자포자기하게 됩니 다. 사람들은 평화주의는 실패했으며 폭력만이 유일한 해결책이라 고 말하기 시작했습니다. 이때부터 폭력은 아일랜드 정치의 저주가 되었습니다.

1848년에는 '청년 아일랜드 운동'이라는 과격 단체가 또 한 차례 무장봉기를 일으킵니다. 이 반란은 간단히 진압되었습니다. 이제 아 일랜드 사람들의 마음속에는 독립보다 더 소중한 것이 자리잡게 되 었습니다. 그들은 목숨을 부지하려 안간힘을 쓰고 있었죠.

■ 대기근의 발생

아일랜드 인과 감자에 관한 우스갯소리가 많지만, 아일랜드에서 감자 대기근은 웃을 일이 아니었습니다. 1845년과 1846년, 그리고 1848년에 감자 농사가 흉년이 들었습니다. 감자 이외에도 아일랜드 의 전 국민을 먹여 살리고도 남을 만한 다른 작물들이 있었지만, 그것들은 내다팔아서 영국인 지주에게 소작료를 지불해야 했습니다. 아일랜드 인들이 영국인들에 대한 반감을 떨쳐버리지 못하는 것은 어찌 보면 당연한 일이겠죠.

곧 대다수의 아일랜드 인들이 굶주리게 되었습니다. 100만 명이 굶어 죽었고, 자포자기하여 아일랜드를 떠나 다른 나라로 이주한 사람들도 100만 명에 이르렀습니다. 이때부터 영국, 미국, 캐나다, 오스트레일리아, 뉴질랜드 등지에는 아일랜드 인의 대규모 공동체가 생겨났습니다. 그후 몇 년 동안 해외에 거주하던 아일랜드 인들이 독립운동에 대한 지지의 목소리를 높이면서 아일랜드 독립에 대한 지원은 국제적인 문제가 되었습니다.

■ 보이콧의 유래

그 다음으로 등장한 독립투사는 프로테스탄트 출신의 찰스 스튜어트 파넬이었습니다. 1875년에 영국 의회에 진출한 그는 아일랜드 자치당의 지도자가 되었습니다. 파넬은 예전처럼 더블린에 자치 의회가 생겨야 한다고 생각했으며, 가능한 한 많은 문제들을 일으켰습니다. 그는 아일랜드 농민들에게 탐욕스러운 영국인 지주들에 저항하라고 부추겼으며, 그로 인해 새 단어가 생기기까지 합니다. 영국인 지주 중에서도 가장 악질에 속했던 자가 바로 보이콧이라는 사람이었습니다.

파넬이 특히 글래드스턴 영국 총리를 상대로 하여 승리를 하자, 독립운동이 진전을 이루는 듯했습니다. 그러다가 불행이 찾아오게 됩니다. 두 사람이 희생되었던 것입니다.

■ 피닉스 공원 암살사건

1882년에 영국 정부의 아일랜드 담당 장관이었던 프레데릭 캐번디시 경과 차관 T.H. 버크가 '무적자'라는 베일에 싸인 테러 단체 요원들의 습격을 받고 숨지는 사건이 발생합니다. 파넬은 이 암살사건과 아무런 관련이 없었지만, 이 사건으로 아일랜드 인들에 대한 반감이 생기게 됩니다. 아일랜드 자치법안이 세 차례에 걸쳐 거부되었으며, 새 법안이 통과되어 배심원단에 의한 재판이 중단되었고 경찰력이 강화되었습니다.

그러나 실제로 파넬의 정치생명이 끝장난 것은 동료의 아내였던 키티 오셰이라는 여자와의 관계 때문이었습니다. 이 때문에 매우 흥미로운 이혼소송이 제기되어 파넬이 공동피고로 법정에 서게 되었습니다.

■ '자치운동은 카톨릭에 의한 지배'

아일랜드는 산업혁명으로 활기를 띠게 되었으며, 특히 벨파스트는 매우 발전했습니다. 하지만 호황을 누렸던 회사들은 하나같이 프로테스탄트들의 소유였죠. 프로테스탄트 상류층은 카톨릭을 믿었던 대다수의 사람들을 위해서가 아니라, 자기 자신들을 위해 권력이 더욱 필요했습니다. 아일랜드에서 신앙과 정치는 항상 구분이 잘 되지 않으며, '자치운동은 카톨릭에 의한 지배'라는 등식이 아일랜드 독립운동의 발목을 잡았습니다.

■ 문화와 정치

19세기 후반에는 아일랜드 인들의 정치적
야심이 문화에 대한 관심의 증가로 이어졌으
며, 이 흐름은 유명한 아일랜드의
시인 W.B. 예이츠가 주도했습니
다. 이로 인해 아일랜드의 음악과
언어, 놀이들이 되살아났으며 장려
되었습니다(아일랜드에는 헐링이라

두통 때문에
그러는데, 게임을
중단하면 안 될까?

는 잔인한 하키 경기가 있습니다. 바이킹이 적들의 머리로 처음 헐링을 했
다고 합니다. 이 경기의 규칙은 지금도 그다지 변하지는 않았습니다).

그렇다고 해서 정치가 뒷전으로 밀린 건 아니었습니다. 1898년에
그리피스라는 더블린의 한 식자공이 '우리 스스로' 라는 뜻의 '신페
인Sinn Fein' 이라는 비폭력 운동단체를 만들었습니다. 1905년에 신
페인은 정당이 되었습니다.

최신 사회주의 사상도 아일랜드에서 확산되고 있었으며, 제임스
코널리는 아일랜드 사회공화당을 창당했습니다.

■ 아일랜드 자치에 대한 찬성과 반대

영국에서는 애스퀴스 총리의 자유당 정부가 또다시 아일랜드 자
치법안을 준비 중이었습니다. 하지만 모든 사람들이 그것을 지지했
던 것은 아니었습니다. 더블린의 변호사 에드워드 카슨 경은 이 법

안에 반대하여 얼스터의 프로테스탄트들을 규합합니다. 이들은 영국과의 연합이 유지되기를 원했던 것이죠. 카슨은 만약 법안이 통과되면, 이에 대항하여 자신들만의 의회를 구성할 것이라고 밝혔습니다. 이들은 민병대인 얼스터 의용군을 조직합니다.

이에 뒤질세라 제임스 코널리는 아일랜드 시민군을 조직하여 자치법안을 지지했습니다. 아일랜드 남부지역에서는 친공화주의 세력이 아일랜드 의용군을 창설했습니다.

■ 내전과 제1차 세계대전

1912년에 자치법안이 통과되어 아일랜드는 내전으로 치닫는 듯했습니다. 그러나 한동안 이 문제는 훨씬 더 중요했던 제1차 세계대전 때문에 뒷전으로 밀려나게 됩니다.

제1차 세계대전에 대한 아일랜드 인들의 반응은 엇갈렸습니다. 영국 국왕에 여전히 충성을 보였던 일부 사람들은 영국군에 입대했으며, 아일랜드 연대들은 전장에서 두각을 나타냈습니다. 영국에 소극적인 지지를 보냈지만, 전쟁이 끝나면 자치를 보장한다는 약속을 원했던 사람들도 있었습니다.

이보다 더 극단적인 사람들은 영국의 적은 모두 자신들의 동지라고 생각하여, 독일의 왕자를 아일랜드 왕에 옹립하려는 계획을 세우기도 했습니다(실현되었다면 왕의 이름이 오토 오비스마르크 정도 되었겠죠).

■ 부활절 봉기

부활절 봉기로 알려진 혁명이 1916년에 더블린에서 발생했는데,

이 때문에 놀란 것은 영국인들보다는 오히려 아일랜드 인들이었습니다. 더블린 성을 접수하려던 기회를 놓치자 반란군은 더블린 중앙우체국을 점령합니다. 그곳에서 반란군은 '아일랜드 공화국 임시정부' 수립을 선포했습니다. 하지만 이 혁명은 지나치게 성급했으며, 준비도 부족했습니다. 반란군은 불과 5일을 버텼을 뿐입니다. 지도자들은 영국군에

반란군이 오 코늘 가의 우체국을 점령했습니다.

붙잡혀 곧바로 총살을 당합니다. 혁명은 실패했지만 대의를 위해 목숨 바친 자들의 이름은 역사에 기록되었습니다.

■ 아일랜드 vs. 영국

1918년에 신페인 당이 선거에서 압승을 거둡니다. 그들은 영국의 사당 등원을 거부하고, 더블린에 자치의회를 결성했습니다. 자치의회는 에이먼 드 벌레라라는 젊은 교사가 이끌었는데, 그는 체포된 부활절 봉기 지도자들 중 처형을 면한 사람들 가운데 한 명이었습니다. 뉴욕에서 태어난 그는 미국 시민이었으며, 아버지는 스페인 계, 어머니는 아일랜드 계였답니다. 이 때문에 영국인들은 그를 처형하는 것이 곤란하다고 생각했습니다.

갑자기 영국과 아일랜드는 전쟁을 벌이게 됩니다. 영국은 주력부대인 왕립 아일랜드 경찰대를 제대한 영국 병사들로 보강했는데, 이들은 검은색과 갈색, 두 가지 색으로 된 제복을 입고 있었습니다. 곧 이들은 무자비함 때문에 증오의 대상이 되었습니다. 자신들의 땅에

서 싸우며 동포들의 지원을 받았던 아일랜드 공화국군 역시 무자비하기는 마찬가지였으나, 훨씬 힘든 상대였습니다. 소규모의 고도로 기동성을 갖춘 편제로 작전을 수행했던 이들의 지도자는 마이클 콜린스로서, 그 역시 부활절 봉기에서 살아남은 지도자였습니다.

전쟁이 잔혹한 양상을 띠자, 해외에 있던 아일랜드 인들의 영향을 받은 세계 여론은 영국에 등을 돌리게 됩니다.

■ 휴전과 아일랜드의 분리

1921년에 휴전이 성립되어 아일랜드 의회 대표단이 영국 대표단을 만나 평화협상을 벌였습니다. 영국측 대표는 그 유명한 웨일스 출신의 총리 로이드 조지였습니다. 윈스턴 처칠(누군지 다 아시죠?)이라는 장래가 촉망되는 젊은 정치가도 대표단의 일원이었습니다.

아일랜드 협상 대표단은 아서 그리피스와 마이클 콜린스가 이끌었습니다. 드 벌레라는 협상 결과가 우선 자신에게 보고될 것이라 생각하여 더블린에 머물고 있었죠. 노련한 로이드 조지 총리는 아일랜드 대표단을 설득하며, 영국을 지지하는 프로테스탄트의 북아일랜드가 어떤 형태로든 독립국가가 될 가능성은 전혀 없다고 말했습니다. 그는 얼스터 지방의 9개 주들 가운데 6개를 분할하여 영국과 계속 관계를 유지하는 별도의 지역으로 만드는 방안을 받아들이도록 아일랜드 대표단을 설득했습니다. 이

저의 아버지는 로이드 조지가
누군지 알려고도
하지 않으실 겁니다.
그는 웨일스 출신이니까요!

방안은 일시적인 것일 뿐이라고 그는 말했습니다. 이 '6개의 주들'이 오늘날의 북아일랜드가 되었습니다. 아일랜드의 나머지 26개 주들을 묶어서 자유국을 만들기로 했습니다.

머칠 동안의 협상에 지친 아일랜드 협상 대표단(웨일스 출신들이 이들보다 달변가들인 건 틀림없군요)은 드 벌레라에게 물어보지도 않고 이에 합의합니다. 드 벌레라는 이 조약을 인정하지 않았으며, 아일랜드 의회에서 사퇴했습니다.

■ 아일랜드 vs. 아일랜드

영국과 아일랜드 간의 조약은 1922년에 체결되었습니다. 이로써 아일랜드는 나뉘어지게 됩니다. 새로운 자유국 군대가 더블린에 있는 공화주의자들의 본부를 공격하게 되면서, 아일랜드는 비극적인 내전으로 치달았습니다. 비록 기간은 짧았지만 양 진영 모두 잔학행위와 처형을 일삼아 내전은 피로 얼룩졌습니다. 공화주의자들의 세력이 상대적으로 약하여 전투를 계속할 수 없게 되자, 내전은 1년 만에 막을 내립니다. 드 벌레라는 할 수 없이 "공화국 수립을 좌절시킨 자들이 군사적인 승리를 쟁취한 사실을 인정해줘야 한다"고 말합니다(그가 옳았는지도 모릅니다. 만약 1921년에 아일랜드 전 지역이 독립했다면, 지금까지도 내부적인 견해 차이를 해소하지 못했을 수도 있습니다).

■ 아일랜드 자유국과 에이레

새로운 아일랜드 자유국의 성립으로 자치 경찰과 관청이 생겼습니다. 드 벌레라는 피어나팔 당을 창당하며 정치활동을 재개했으며, 1932년의 선거에서 승리하게 됩니다. 아일랜드는 1930년대의 세계 경기 침체로 큰 타격을 받았으며, 이 때문에 해외 이주자의 수가 늘어납니다. 1937년에는 새로운 헌법이 제정되었습니다. 아일랜드 자유국이 에이레가 되면서, 영국의 지배에서 완전히 벗어났음을 선언하기에 이릅니다.

■ 제2차 세계대전에서 중립을 지키다

에이레는 제2차 세계대전에서 확고히 중립을 지켰습니다. 아일랜드 상공에서 격추된 영국과 독일의 전투기 조종사들은 각기 다른 수용소에 편안히 구금되었으며, 영국과 독일의 첩자들이 야생의 습지대와 더블린의 술집들에서 숨바꼭질을 했습니다.

전쟁이 끝났을 때, 히틀러가 자살한 것에 대해 독일 의회에 조의를 표한 지도자는 드 벌레라뿐이었답니다(제 생각에는 영국을 약 올리려고 그런 것 같군요).

■ 아일랜드 공화국의 선포

제2차 세계대전이 끝나고 몇 년 후에, 드 벌레라의 피어나팔 당은 경쟁관계에 있던 통일아일랜드 당과 숀 맥브라이드의 신당 연합에 패하게 됩니다. 새로운 정부는 '아일랜드 공화국법'을 통과시켜 에이레가 처음으로 완전한 공화국이 되었음을 정식으로 선포했습니다. 이로써 사람들은 '아일랜드 정치무대에서 총이 사라질 것'으로 기대했죠. 희망이 보였습니다.

■ 유럽 공동시장에 참여하다

그후 한동안 평화라는 것을 몰랐던 아일랜드 정치가 마침내 평온해졌습니다. 적어도 새 공화국에서는 그랬죠. 이민을 떠나는 사람들이 여전히 많았지만, 경제는 꾸준히 성장했습니다. 1973년에 아일랜드는 유럽 공동시장에 가입합니다. 농업이 발달한 아일랜드는 농업 보조금 덕택에 농업 부문이 상당한 혜택을 보았습니다. 하지만 아일랜드는 1980년대의 경기 후퇴로 커다란 타격을 받았으며, 이민을 떠나는 사람들이 다시 늘어났습니다(어쨌거나 아일랜드 인들은 아일랜드만 아니라면 세계 어느 나라에서든 잘살아가는 것 같습니다).

그러나 여러 문제점들에도 불구하고 아일랜드 공화국은 유럽의 다른 나라들과 마찬가지로 상당히 안정된 의회민주주의 국가입니다. 아일랜드 공화국은 그렇다 치고, 1922년에 떨어져나간 6개 주들, 즉 북아일랜드의 사정은 어떨까요? 카톨릭 교회의 영향력이 여전히 절대적이어서 산아 제한, 낙태, 이혼이 금지되어 있답니다.

북아일랜드의 형편은 오래도록 좋지 못했습니다. 프로테스탄트 교도들이 일자리와 주택 및 경찰력을 장악했죠. 카톨릭 교도들은 차별을 받

살기가 힘들어졌어.
작은 요정들 조차 떠나고 있잖아.

았지만 어쩔 도리가 없었습니다. 하지만 1967년에는 미국인들의 영향을 받은 아일랜드 민권운동이 태동하여, 프로테스탄트와 카톨릭 교도를 동동하게 대우해줄 것을 요구했습니다. 대규모 항의 행진도 있었습니다. 성난 프로테스탄트 교도들이 이러한 행렬을 공격하는 경우도 심심찮게 발생했는데, 그럴 때면 같은 프로테스탄트인 얼스터 왕립경찰(RUC)은 별다른 조치를 취하지 않는 듯했습니다.

분노가 폭발한 것은 거의 300년 전쯤에 발생했던 사건과 관련이 있었습니다. 데리 포위 공격에서 제임스 2세를 되돌려보냈던 젊은 도제들을 기억하시죠? 매년 8월 12일이 되면 '도제 소년들'이라는 프로테스탄트 단체가 그들을 기리며 행진을 합니다. 이 행진은 눈치 없이 데리의 카톨릭 구역들을 그대로 지나갑니다. 1969년의 행진으로 인해 대규모 폭동이 발생하게 됩니다. 이 폭동으로 카톨릭 교도들은 데리 시의 카톨릭 구역에 장애물을 설치했으며, 아일랜드 공화국의 총리는 경계지역에 병원들을 세웠습니다.

당시 영국은 포위된 카톨릭 교도들을 보호한다는 명분으로 군대를 보내어, 뜻하지 않은 실수를 하게 됩니다. 믿거나 말거나, 처음에는 영국군이 환영을 받았습니다. 하지만 점령군이 오랫동안 주둔하는 걸 좋아할 사람은 아무도 없죠. 호전적인 '임시' 아일랜드 공화국군이 카톨릭 교도들을 보호하려 하자, 총격전과 폭탄 테러가 또다시 시작되었습니다. 영국군에 대해 그나마 남아 있던 좋은 감정이 1972년 1월 30일 '피의 일요일'에 사라져버립니다. 이날 시위를 하던 사람들 중에서 13명이 영국군의 총탄에 쓰러지는 일이 발생합니다. 아일랜드 공화국 정부는 이날을 국가적인 애도의 날로 선포했으며, 성난 군중들은 더블린의 영국 대사관을 불태워버렸습니다.

그후 폭력과 보복의 악순환이 계속됩니다. 영국은 아일랜드 인들을 재판 없이 구금하면서 탄압합니다. 아일랜드 공화국군은 북아일랜드와 영국에서 총격과 폭탄 테러를 강화했으며, 유럽 대륙에서 영국군을 공격한 적도 있었습니다.

그로부터 꽤 오랜 세월이 흘렀습니다. 총격전이나 폭탄 테러가 발생하면 신문이나 방송에서는 매일 새로운 소식을 전합니다. 영국, 북아일랜드, 그리고 아일랜드 공화국은 모두 80년 전의 '임시적인' 결정에 관련되어 있으며, 수백 년을 거슬러올라가 해결이 불가능한 유혈사태로 뒤얽혀 있지만, 어쩌면 해결이 가능한지도 모릅니다. 최근에 북아일랜드와 관련된 새로운 평화회담이 진행된 적도 있습니다. 회담 시기 및 장소, 참가자를 결정하기 위해 여러 달 동안 '회담을 위한 회담'을 개최해야 했으며, 여기서는 회담장 탁자의 크기와 형태, 그리고 누가 회의를 진행할 것인지의 여부까지 논의했습니다. 하지만 싸움을 하다가 끝나고 말았습니다. 그러나 언젠가는 회담을 더 성공적으로 개최할지도 모릅니다. 아일랜드의 일은 어떻게 될지 아무도 모르거든요.

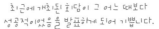

최근에 개최된 회담이 그 어느 때보다 성공적이었음을 발표하게 되어 기쁩니다.

아일랜드의 성적표

음식 : 5점　소박하고 만들기 쉬우면서도 영양이 풍부한 아일랜드식 스튜와 감자요리가 별미입니다. 아일랜드를 대표하는 술에는 기네스 생맥주가 있죠. 1파인트들이 잔에 비눗거품이 인 흙탕물을 따라놓은 것 같지만, 아일랜드 인들과 대부분의 유럽 인들은 기네스 맥주가 정말 훌륭하다고 단언합니다.

문학과 예술 : 10점　이 부문은 단연 최고점을 줄 수 있습니다. 특히 문학이 훌륭하죠. 제 친구 패트릭은 최고의 영국 작가들은 모조리 아일랜드 출신이라고 말할 겁니다. 고대 켈트 족 음유시인들은 차치하고라도 《걸리버 여행기》를 쓴 조너선 스위프트, 리처드 셰리든과 올리버 골드스미스 같은 재기 넘치는 시인이나 극작가들, 드라큘라라는 인물을 만들어낸 브람 스토커, 오스카 와일드, 예이츠, 숀 오케이시, 제임스 조이스, 사뮈엘 베케트 등이 아일랜드 출신입니다. 여기에 빼놓을 수 없는 인물로는 극작가이자 비평가였던 위대한 조지 버나드 쇼가 있는데, 그는 90세가 넘게 살았으며, 참정권 확장운동과 사회주의에서부터 반핵운동에 이르기까지 모든 진보적인 운동을 지지했습니다. 아일랜드 출신의 미술가와 음악가들도 많이 있지만, 작가들이 단연 돋보입니다(토론이나 글쓰기에서는 아일랜드 사람들을 당해낼 수가 없죠).

경치 : 8점　세계에서 가장 아름다운 교외 지역들이 있으며, 공업지대가 있긴 하지만 대체로 오염되지 않았으며 인구도 적습니

다. 인구가 적은 것은 별로 놀랄 일도 아니죠. 원주민들 대부분이 살해되었거나, 굶어 죽었거나, 그도 아니면 생계를 위해 지구 반대편으로 떠나야 했으니까요.

정치 : 2점　투표함만큼이나 흔한 폭탄과 총탄 때문에 매우 불안합니다(아일랜드 남부지역은 안정되었지만, 북아일랜드 지역은 여전히 불안합니다). 아일랜드 이외에 다른 어떤 나라에서 300년 전의 사건 때문에 요즘도 폭동이 일어날 수 있겠어요?

국민성　비록 그들의 역사는 험난했지만 아일랜드 사람들은 놀라우리만치 다정하고, 친절하며, 허물이 없습니다. 아일랜드 사람들은 세계 여러 나라에 흩어져 살아야 했으므로 영국, 미국, 유럽을 비롯해 세계 곳곳에서 큰 영향력을 행사할 수 있었습니다. 아일랜드 사람들을 모아놓으면 다소 산만하기는 하지만 매우 유쾌하답니다. 물론 나름대로의 논리도 있죠. 아일랜드 농부에게 길을 물어보면, "글쎄요, 저 같으면 이곳에서 출발하지는 않을 겁니다"라는 식으로 대답할 것입니다.

8장 대단한 이탈리아

이제 우리는 유럽에서 가장 독특한 나라 가운데 하나인, 언제나 역동적인 이탈리아에 대해 알아볼 차례입니다.

그리스나 영국과 마찬가지로 이탈리아는 화려한 과거의 자취와 더불어 존재하고 있습니다. 이 영광스러운 과거를 '로마' 라는 한 단어로 요약할 수 있죠.

■ 공화정의 수립

전설에 따르면 쌍둥이 형제 로물루스와 레무스는 유아기에 티베르 강에 내버려져 늑대의 젖을 먹고 자랐다고 합니다. 이들 중 형 로물루스가 로마를 세우게 됩니다.

로마는 토스카나와 라티움 사이에 위치한 경계 도시로 출발했습니다. 그러다가 BC 509년에 로마 인들이 에트루리아 왕조를 몰아내고 공화정을 수립합니다. 로마 인들은 고대식의 의회민주주의를 시행하여, 원로원과 로마 시민들이 로마를 통치하게 됩니다. 그리스에서와 마찬가지로 로마에서도 노예와 여성들은 '시민'에 포함되지 않았습니다. 하지만 당시로서는 이러한 생각들이 무척 진보적인 것이었답니다.

공화정 수립 후 로마 인들은 주변의 도시와 국가들을 정복하기 시작합니다. BC 222년에 그들은 이탈리아 전체를 지배하기에 이릅니다. 하지만 그것은 시작에 불과했습니다. 로마 인들은 곧 시칠리아, 코르시카, 그리스, 스페인 등을 정복하게 됩니다.

■ 팍스 로마나

그후 수백 년 동안 로마의 영토는 점점 더 넓어졌습니다. 로마의 전성기에는 이집트, 아프리카, 아시아의 넓은 지역들, 프랑스와 영국을 비롯한 유럽 대부분을 장악했습니다. 무적의 로마 군단을 어디에서나 볼 수 있었으며, 이들이 로마 문명을 전파했습니다. 로마 인들은 전쟁뿐만 아니라 건축에도 뛰어나서 세계 각지에 있는 수로, 도로, 사원 유적들은 그들이 어디까지 진출했는지를 보여주고 있습니다(원정을 갔던 로마 군대가 항상 승리한 것은 아니었습니다. 영국에서는 스코틀랜드 사람들이 로마 군을 물리쳤으며, 유럽 대륙에서는 독일 사람들에게 고전을 면치 못했죠).

■ 내부의 혼란

로마는 부강해졌습니다. 로마의 장군들은 원정에서 돌아올 때마다 엄청난 보물을 가지고 왔으며, 노예들을 잡아와 힘든 일을 시켰습니다. 하지만 전리품이 너무 많아서 누가 그것들을 챙길 것인가를 두고 다툼이 발생하기도 했습니다. 이런 상황에서 원로원은 민중파의 개혁 요구를 묵살합니다.

이들은 공짜 빵과 구경거리로 민중들을 즐겁게 해주는 '빵과 서커스' 정책을 도입했습니다. 검투사들은 야수들과, 혹은 자신들끼리 원형경기장에서 죽을 때까지 싸웠습니다(모든 검투사들이 자신의 직업에 만족한 것은 아니었습니다. BC 73년에 스파르타쿠스라는 검투사가 반란을 일으켰지만 2년 후에 진압되었습니다).

기독교라는 사교가 발생하자, 그 교인들을 사자들에게 던져주는 것이 원형경기장의 인기 있는 경기 종목이 됩니다.

■ 율리우스 카이사르의 시대가 열리다

거물 정치가들 사이의 잦은 권력투쟁은 그 당시의 또 다른 구경거리였습니다. 오늘날의 영국 의사당에서처럼 말이죠(지금부터 등장하는 인물들 중에서 친숙한 이름이 있다면, 그것은 셰익스피어의 작품 중에서 〈율리우스 카이사르〉와 〈안토니우스와 클레오파트라〉가 로마 역사를 소재로 했기 때문인지도 모릅니다). BC 60년의 로마는 3명의 집정관이 통치하고 있었습니다. 폼페이우스와 크라수스(그에게는 아일랜드 출신의 노예가 많았습니다), 그리고 장래가 촉망되는 군인이자 정치가였던 율리우스 카이사르가 바로 그들이었습니다.

카이사르가 갈리아를 정복하자 폼페이우스는 그를 시기하게 됩니다. 그들은 서로 다투게 되고, BC 49년에는 카이사르가 로마의 법을 어기고 자신의 군대를 거느리고 루비콘 강을 건너 폼페이우스를 내쫓아버렸습니다. 그 이후로 '루비콘 강을 건너다'라는 말은 중요하고도 변경할 수 없는

가라앉는 느낌이 드는군.
카이사르의 생각이 틀렸어.

결정을 내리는 것을 의미하게 되었습니다(간교한 카이사르는 병사들의 급료를 2배로 올려주어 인기를 끌었죠).

율리우스 카이사르는 로마의 절대 권력자가 되었지만, 그리 오래가지는 못합니다. 4년 후에 카이사르는 그의 양아들 브루투스가 포함된 일단의 음모자들에 의해 암살되는데, 그들은 카이사르의 권력

이 지나치게 강해졌으며 그가 황제가 되려 한다고 생각했습니다.

이후 옥타비아누스와 그의 단짝 마르쿠스 안토니우스는 음모자들을 무찌르고, 마르쿠스 레피두스라는 그다지 알려지지 않은 인물과 더불어 제2차 3두정을 수립했습니다.

■ 안토니우스의 몰락

이 체제 역시 붕괴되었는데, 그 주된 이유는 옥타비아누스의 야심과 안토니우스의 연애 때문이었습니다. 안토니우스는 이집트의 여왕인 클레오파트라와 관계를 맺고 있었습니다. 클레오파트라는 죽은 율리우스 카이사르와도 친구 이상의 사이였답니다(로마 시대를 배경으로 하는 사극에서는 단골 소재죠).

BC 31년 악티움 해전에서 옥타비아누스의 군대에 패한 안토니우스는 스스로 목숨을 끊었습니다. 옥타비아누스가 씩씩하게 클레오파트라에게 청혼했지만, 그녀는 곧 뱀과 입맞춤할 것이라고 말하고는 스스로 독사에 물려 자살합니다.

■ 옥타비아누스가 아우구스투스로 이름을 바꾸다

옥타비아누스는 카이사르 아우구스투스라는 칭호를 사용하며, 로마 제국의 초대 황제가 되었습니다. 변덕스러우면서도 냉정한 성격의 아우구스투스는 뛰어난 행정가였다고 할 수 있습니다. 그는 그후 45년 동안 로마 제국을 훌륭하게 통치하여, 평화와 번영의 시대가 왔음을 알렸습니다. 이때부터 로마는 주로 황제가 통치하게 되는데, 유별난 황제들이 많았답니다.

■ 황제들

아우구스투스의 뒤를 이어 티베리우스 황제(AD 14년)로 순조롭게 출발했지만, AD 37년에 칼리굴라가 황제가 되면서 문제가 발생했습니다(칼리굴라란 '작은 장화'라는 뜻으로서 군인들이 붙여준 별명이었죠). 칼리굴라는 미치광이에 악독한 살인마였으며, 떠들썩한 주연을 자주 열었습니다. 그는 자신의 말을 집정관에 임명했는데, 그 이유는 말이 대부분의 정치가들보다 더 똑똑하기 때문이라고 했습니다.

칼리굴라의 뒤를 이어 그의 삼촌인 클라우디우스가 황제로 즉위하여 훌륭히 역할을 수행해냈습니다.

말이 말을 못하니 절망적이군!

■ 네로 황제의 시대

자, 다음으로 또 한 명의 유별난 황제가 등장합니다. 바로 클라우디우스의 뒤를 이어 황제의 자리에 오른 네로였습니다. 그는 대단한 폭군이었습니다. 네로는 자신이 다방면의 예술 천재라고 굳게 믿고 있었기 때문에, 그와는 논쟁을 피하는 편이 안전했죠. 그는 원로원의 의원들은 물론 어머니, 아내, 그리고 스승이었던 세네카까지도 죽입니다.

네로는 기독교도들을 사자들의 먹이로 던져 주는 데 열중했으며, 로마가 불타고 있을 때 수금을 연주한 것으로도 유명합니다(네로는

저 녀석들은 점심 식사 전에 제게 감사기도를 드려줬으면 한다네.

빈민굴을 정리하기 위해 불을 질렀다고 주장했지만, 그의 말을 곧이곧대로 믿는 사람은 아무도 없었죠). 로마 사람들은 결국 네로를 쫓아냈고, 그는 자살을 합니다. 그 이후에는 황제 자리를 놓고 치열한 다툼이 벌어지게 됩니다. 68년 한 해 동안 황제가 네 번이나 바뀝니다. 그후 플라비우스 왕조가 들어서서 사태가 다소 진정되었으며, 그 다음에는 안토니누스 일가가 로마를 통치했습니다.

■ 《명상록》의 저자 마르쿠스 아우렐리우스

안토니누스 일가의 마지막 황제는 마르쿠스 아우렐리우스였습니

다. 그는 《명상록》을 쓴 것으로 유명한 작가이자 철학자이며, 실질적인 비중을 차지하는 로마의 마지막 황제로 평가받고 있습니다.

■ 이민족의 침입

이 무렵 로마 제국은 안팎으로 곤경에 처하게 됩니다. 로마 제국은 너무 광대하여 제대로 다스릴 수 없었으며, 많은 지역들이 가난과 전염병으로 고통받고 있었습니다. 더구나 먹여 살려야 할 병사들의 수도 엄청났습니다. 털북숭이 미개인이었

던 동고트 족과 서고트 족의 무리들이 변경 지역들을 공격하고 있었습니다. 이들을 물리치기가 점점 더 힘에 부쳤습니다.

■ 디오클레티아누스 황제의 동서 분할

디오클레티아누스 황제는 로마 제국을 동서로 나누어 서쪽은 자신이 직접 통치함으로써 한동안 제국을 안정시켰습니다. 그러나 그 후 200년 동안 서로마는 이민족의 침입이 끊이지 않았으며, 점차 몰락해갔습니다.

■ 콘스탄티누스 1세, 그리스도교로 귀의하다

반면 동로마는 사정이 좀더 나았다고 할 수 있습니다. 비잔티움은

콘스탄티노플로 이름이 바뀌었으며, 강성한 도시가 되었습니다. 그리스도교는 오랫동안 박해를 받았지만, 그 명맥을 유지하여 융성해졌습니다. 콘스탄티누스 1세의 치세 중에 그리스도교는 국교가 됩니다.

■ 교황 레오 3세, 카롤루스에게 황제의 관을 씌워주다

강력했던 로마 제국의 몰락과 함께 이탈리아의 독립도 어렵게 됩니다. 제국이 몰락한 후 약 1,000년에 걸쳐 이탈리아 인들은 롬바르드 족과 프랑크 족의 침략을 받았으며, 결국에는 카롤루스 황제의 거대한 제국에 흡수되기에 이릅니다. 이 같은 상황에서 로마 교황은 신앙과 정치에서 점점 더 큰 비중을 차지하게 됩니다. 800년에 카롤루스에게 황제의 관을 씌워준 사람도 다름 아닌 교황 레오 3세였습니다.

■ 카노사의 굴욕

세월이 갈수록 로마 교황의 권력이 커져서 황제의 권위에 도전하기 시작했습니다. 교황 그레고리우스 7세는 황제를 폐위시킬 수 있는 권한을 요구했습니다. 당시 황제였던 하인리히 4세가 그의 요구를 거절하자, 그레고리우스 7세는 그를 파문시킵니다. 하인리히 4세는 카노사 성 밖에

이 멍청아, 구원받아야 할 것은 네 발바닥이 아니라 영혼이란 말이야!

서 3일 동안 맨발로 서서 속죄하고서야 교황 그레고리우스 7세에게
용서를 받게 됩니다.

■ 르네상스 시대의 도래

이탈리아는 제국이 기울어가면서 수백 개의 작은 도시국가들로
나뉘어졌습니다. 1300년경에는 이탈리아 전역에 300개가 넘는 소
왕국들이 있었으며, 각각 나름의 군주와 군대를 갖추고 있었습니다.
도시국가들은 이웃 국가들과 합종연횡을 해가면서 싸움으로 세월을
보냈습니다. 상대적으로 규모가 큰 왕국들이 주변의 작은 왕국들을
집어삼켰습니다. 이 시기를 흔히 르네상스 시대로 부르기도 한답니
다. 놀랍게도 이 시기에 미켈란젤로나 레오나르도 다 빈치 같은 예
술가들이 활약했죠.

■ 힘센 다섯 나라들

1500년경에는 힘센 다섯 나라들이 그들 사이에 비공식적인 동맹
을 맺어 이탈리아를 지배하고 있었습니다. 교황령, 나폴리, 밀라노,
그리고 강력한 공화제 국가였던 베네치아와 피렌체가 바로 그들이
었습니다.

■ 프랑스, 스페인, 오스트리아의 경쟁

이탈리아의 이러한 상황에 이웃 나라들은 군침을 흘리기 시작합
니다. 그 다음 수백 년 동안 프랑스와 스페인, 오스트리아가 이탈리
아의 여러 지역들을 장악합니다. 그로부터 100년간 전쟁이나 다름

없는 혼란이 계속됩니다. 1796년에 이러한 상황에 커다란 변화가 오게 되는데, 역시 여기에서도 그 유명한 나폴레옹 보나파르트가 등장합니다.

■ 나폴레옹이 이탈리아를 장악하다

1796년에 나폴레옹의 군대가 이탈리아를 침략했습니다. 초기에는 밀렸으나, 1810년경에 나폴레옹은 이탈리아 반도 전체를 손에 넣게 됩니다. 따라서 나폴레옹이 이탈리아 사람은 아니었지만, 적어도 이탈리아를 한 사람이 통치하게 된 셈이었습니다. 1815년에 나폴레옹이 워털루 전투에서 패하자 그의 통치는 끝났습니다. 하지만 그 무렵에는 자유, 평등, 박애와 같은 위험한 사상들뿐만 아니라 통일에 대한 염원까지도 이미 뚜렷한 흔적을 남긴 후였습니다.

■ 혁명의 물결

1815년에 체결된 빈 조약에 따라 이탈리아의 여러 지역들은 이전에 그들을 통치하던 외국의 군주들에게 다시 넘어갔습니다. 이탈리아 사람들은 이에 대해 불만을 품게 됩니다. 시칠리아, 나폴리, 그리고 사르데냐-피에몬테에서 혁명이 발생했습니다. 시칠리아의 반란은 오스트리아의 지원으로 간신히 진압할 수 있었습니다. 1831년에는 파르마, 모데나, 시칠리아, 나폴리, 교황령에서 봉기가 발생합니다(정신적 지도자이자 동시에 세속적 지도자이기도 했던 교황은 로마 주변의 조그마한 땅덩이를 다스렸습니다).

하지만 혁명은 성공하지 못했습니다. 혁명가들은 흩어져 있었던 데다가 조직도 허술하기 짝이 없었죠. 오스트리아와 교황령 군대의 탄압이 극심하여 수천 명의 혁명가들이 망명길에 오릅니다. 하지만 자유와 통일의 기운이 감돌았으며, 아무리 총칼로 억압하더라도 그것들을 없애지는 못했습니다. 총칼로 개인의 생각까지 억누를 수는 없으니까요.

■ 마치니의 청년 이탈리아 당

주세페 마치니는 주요 혁명가들 가운데 한 사람으로 어느 비밀혁명결사에 가입한 혐의로 1830년에 체포됩니다. 그는 감옥에서 3개월을 보내며 깊은 생각을 할 수 있었습니다. 이후 마치니는 1832년에 '청년 이탈리아 당'을 조직하여, 리소르지멘토Risorgimento로 알려진 이탈리아 통일운동의 이념을 대변했습니다.

■ 가리발디의 활약

주세페 가리발디는 마치니의 영향을 받은 사람들 가운데 하나였으며, 이탈리아 독립투쟁에서 두각을 나타내게 됩니다. 니스 출신 어부의 아들이었던 가리발디는 진정한 낭만적 혁명가였죠. 그는 교육을 받지 못했지만 매우 총명했으며, 이탈리아 인들의 사랑을 받았습니다. 또한 그는 용감했고 고매했으며, 잘생겼던데다가 놀라우리

만치 위엄을 갖춘 사람이기도 했죠. 그는 자신의 주위에 일종의 낭만적인 혁명군이었던 '붉은 셔츠대'를 모집했습니다(이탈리아 정치에서 셔츠 색은 매우 중요하답니다. 뒤에 나오는 베니토 무솔리니를 참조하세요).

한편, 이탈리아 전역에서 소규모 혁명이 계속 발생하고 있었습니다. 1846년에는 시칠리아 섬에서 봉기가 발생하여, 군중들이 수도 팔레르모에서 행진을 했습니다. 또한 토스카나, 사르데냐-피에몬테, 그리고 교황령에서도 봉기가 발생합니다.

로마에서는 폭동이 발생하여 교황이 피신을 했고, 마치니와 가리발디가 공화국을 수립하여 권력을 잡게 됩니다. 이 무렵에는 또 다른 나폴레옹, 즉 나폴레옹 3세가 프랑스를 통치하고 있었습니다. 가리발디는 이미 소규모의 프랑스 군을 물리친 적이 있었죠. 이 패배로 화가 난 나폴레옹 3세는 훨씬 대규모의 군대를 보내기로 했습니다. 가리발디는 한 달 동안 꿋꿋하게 버텼지만, 결국에는 퇴각해야 했습니다.

■ 카보우르가 전쟁을 일으키다

가리발디가 패하고 베네치아에서 발생한 반란이 진압되자, 리소르지멘토의 열기가 사그라드는 듯했습니다. 하지만 통일운동은 쉽사리 진정되지 않았습니다.

1852년에 카밀로 카보우르 백작이 사르데냐-피에몬테의 총리가 됩니다. 사르데냐-피에몬테 왕국은 꽤 앞서갔던 나라로서 새로이 왕이 된 비토리오 에마누엘레 2세가 통치하고 있었습니다.

카보우르의 주장으로 1855년에는 사르데냐-피에몬테가 크림 전쟁에 참전합니다. 사르데냐-피에몬테의 병사들은 잘 싸웠으며, 전쟁이 끝나 파리 강화회의가 열리자 카보우르는 프랑스의 새 지도자 나폴레옹 3세를 만나게 됩니다. 오스트리아의 세력을 제거할 수 있는 유일한 길은 프랑스의 도움을 받는 것밖에 없다고 판단한 카보우르는 나폴레옹 3세를 설득하여 자기 편으로 끌어들이는 데 성공합니다. 나폴레옹 3세 역시 오스트리아를 탐탁지 않게 여기고 있었으므로 카보우르의 설득에 동의했던 것이죠. 나폴레옹 3세는 사르데냐-피에몬테가 더 강해져서 프랑스의 든든한 우방이 되어주길 원했습니다. 그는 카보우르의 야심이 전체 이탈리아의 통일이라는 것을 눈치채지 못했던 것입니다.

1859년에 프랑스를 등에 업은 사르데냐-피에몬테는 오스트리아와 전쟁을 벌입니다. 마젠타와 솔페리노에서의 치열한 전투 끝에, 오스트리아 군은 전쟁에서 패합니다. 수천 명의 부상병들이 전장에 방치되었지만, 아무도 그들을 돌봐주지 않았습니다(스위스 출신의 장 앙리 뒤낭은 부상병들이 겪는 고통에 큰 충격을 받아 국제적십자사를 창립했습니다).

■ 나폴레옹 3세, 오스트리아와 휴전협정을 체결하다

나폴레옹 3세는 이 정도면 충분하다고 생각했습니다. 그는 자신의 동지였던 카보우르와 협의하지 않고 오스트리아와 휴전합니다. 토스카나 및 파르마, 모데나의 폐위된 군주들을 복위시키고, 베네치아는 계속 오스트리아 영토로 남겨두기로 합니다. 이에 비해 사르데냐-피에몬테는 롬바르디아를 합병할 수 있을 뿐이었습니다.

카보우르는 이 휴전협정을 배신행위로 간주하여, 울분을 터뜨리고는 사임합니다. 유명한 그의 의용군을 거느리고 전투에 참가했던 가리발디 역시 이러한 행위에 신물이 났습니다.

■ 카보우르의 복귀

카보우르는 정계에 복귀하여 외교적인 수단을 통해 싸움을 계속했습니다. 그는 프랑스와 교황령을 설득하여 일련의 국민투표에 동의하도록 했으며, 토스카나, 파르마, 모데나, 볼로냐가 사르데냐-피에몬테와의 합병에 찬성하게 됩니다. 프랑스의 지지를 확보하기 위해 카보우르는 나폴레옹 3세와의 비밀회담을 통해 니스와 사부아를 프랑스에 넘겨주기로 했는데, 이 계획 역시 국민투표를 통과해야 했습니다.

국민투표 결과는 나폴레옹 3세에 찬성하는 것으로 나왔습니다. 험상궂은 프랑스 병사들이 떼를 지어 투표소 근처를 어슬렁거렸기 때문은 아닌지 모르겠군요. 가리발디는 이 소식을 전해듣고 격분했

가까이 가지 않는 게 좋겠어.
소풍 나온 사람들 같지는 않은걸.

습니다. 그는 니스 출신이었던 거죠. 이제 그의 고향을 프랑스에 내주겠다는 겁니다. 가리발디는 충성스런 그의 의용군을 소집하여 투표함을 모조리 날려버릴 작정을 하고 니스로 향했습니다. 제노바에 도착한 그는 시칠리아에서 발생한 혁명이 성공할 가능성이 있다는 이야기를 듣게 됩니다. 가리발디는 혁명에 참가하기로 마음먹었습니다. 외륜선 두 척을 징발하여 가리발디와 그의 군대는 시칠리아로 향했습니다.

■ 가리발디 진군하다

가리발디는 혁명에 참가하여 승승장구합니다. 그의 군대는 시칠리아 섬을 정복한 후에, 이탈리아 본토로 가서 나폴리를 점령합니다. 그리고는 로마를 향해 진군했습니다.

■ 카보우르의 견제

가리발디가 갑작스레 전공을 세우자, 늙은 카보우르는 소외감을 느꼈습니다. 그는 줄곧 외교적 해결에 힘쓰고 있었는데, 이제 자신만의 패거리를 거느린 이 낭만적 혁명가가 공로를 독차지하게 된 것이죠.

카보우르는 혁명의 상황에 재빨리 대처하여, 교황령 장악을 위한 군대를 보내달라고 비토리오 에마누엘레 2세를 설득했습니다. 그리고는 카보우르와 비토리오 에마누엘레 2세 휘하에 있는 군대가 로마로 향했습니다. 그들은 시칠리아, 나폴리, 움브리아, 그리고 교황령에서 국민투표를 준비합니다. 대체적으로 들뜬 분위기 속에서 사람들은 당연히 사르데냐-피에몬테와의 합병에 찬성했습니다. 이 무렵에 이미 사르데냐-피에몬테에 합병되어 있던 나라들이 많았으므로, 이탈리아 통일은 거의 완성 단계였다고 할 수 있었죠.

■ 이탈리아 왕국의 성립

비토리오 에마누엘레 2세와 카보우르는 나폴리에서 가리발디와 합류하여 개선행진을 하며 그를 격려해주었으며, 통치권을 확실하게 장악했습니다. 그들은 선거를 치렀으며, 1861년에 새 의회에서는 정식으로 이탈리아 왕국이 성립되었음을 선포했습니다. 이탈리아 인들 스스로 단일 국가로 다시 통일을 이루는 데는 1,000년이 넘는 세월이 필요했던 셈입니다. 안타깝게도 카보우르는 같은 해에 세상을 떠나 생전에 이탈리아 통일을 보지는 못합니다. 프랑스 군이 교황을 지지하며 여전히 로마에 주둔하고 있었으므로, 이탈리아 인들은 피렌체를 수도로 삼아야 했습니다. 베네치아는 그때까지도 오스트리아가 지배하고 있었습니다.

■ 오스트리아와의 전쟁

1866년에 이탈리아는 프로이센의 총리 비스마르크와 조약을 체결했는데, 그에게는 오스트리아와 전쟁을 원했던 나름의 이유가 있었습니다. 비스마르크가 오스트리아를 공격하자, 이탈리아도 이에 합세했습니다. 레슈노에서는 해전이, 노바라에서는 육상전투가 벌어졌습니다. 이탈리아 군은 최악의 전통을 남기며 양 전투에서 모두 패합니다. 다행히 이탈리아의 동맹국인 프로이센은 보헤미아 근처에서 오스트리아를 격파합니다.

전쟁이 끝나자 이탈리아는 베네치아를 넘겨받게 됩니다. 이로써 프랑스 주둔군은 더 이상 로마에 머물 이유가 없게 되었습니다.

■ 마침내 통일을 이루다

1867년에 가리발디는 굳은 결심을 하고 로마를 공격하기 위해 병사들을 소집했으나, 그의 군대는 멘타나 전투에서 프랑스 군에 패했습니다. 하지만 얼마 지나지 않아 나폴레옹 3세는 자신이 해결해야 할 문제에 봉착하게 되죠. 1870년에 비스마르크는 그를 꾀어 프랑스-프로이센 전쟁(3장과 4장을 참조하세요)을 일으켰으며, 곧 나폴레옹 3세는 많은 병사들이 필요하게 됩니다. 그는 로마에 주둔하고 있던 군대를 철수시킵니다(하지만 이것이 별다른 도움이 되지는 못했습니다. 1870년에 프랑스 군은 스당 전투에서 프로이센 군에 패했으며, 나폴레옹 3세는 비스마르크의 포로가 되죠).

기회를 잡은 이탈리아 군은 로마로 진격했습니다. 프랑스 군의 지원을 받지 못했던 교황의 군대는 이렇다 할 저항을 할 수 없었죠. 소규모 전투(이탈리아 군은 49명, 교황의 군대는 19명의 병사를 잃었습니다)가 벌어진 후에, 드디어 이탈리아 군이 로마를 점령합니다. 로마가 다시 이탈리아의 수도가 되었습니다. 이탈리아 사람들의 재주 가운데 하나는 훌륭한 혁명가를 배출하는 것입니다. 3명의 뛰어난 인물에 힘입어 이탈리아는 통일을 이룰 수 있었죠. 마치니는 혁명의 정신이요, 카보우르는 머리, 그리고 가리발디는 가슴이었다고 할 수 있습니다.

■ 오류 없는 바티칸의 죄수, 피우스 9세

모든 사람들이 이탈리아의 통일을 기뻐했지만 피오 노노, 즉 교황 피우스 9세만은 예외였습니다. 이탈리아 의회는 그를 달래려고 안간힘을 썼습니다. 의회는 교황의 주권을 보장해주었으며, 심지어 연금을 제공하기까지 했습니다. 하지만 교황은 연금을 거들떠보지도 않았으며, 새로 들어선 이탈리아는 '믿음이 없는' 국가라고 말하며 스스로를 '바티칸의 죄수'로 규정합니다.

이 나라는 믿음이 없어.

그보다는 무게가 없으면 좋으련만.

시기적으로 매우 나빴던 1870년에 바티칸 공의회는 교황 무류성의 교리를 발표했습니다. 이는 교황의 공식적인 선언에는 잘못이 있을 수 없음을 의미하는 것이었습니다. 교황의 영적인 권위는 한층 강화되었지만, 몇 달 후 교황은 세속적 권력을 모두 잃게 됩니다.

■ 영광과 좌절

마침내 이탈리아는 다시 하나가 되었지만, 많은 골칫거리들이 앞을 가로막고 있었습니다. 시칠리아에서 또다시 반란이 일어나 상황이 악화되자 새 정부에서는 군대를 보내 반란을 진압합니다. 가난한 사람들과 글을 읽지 못하는 사람들이 도처에 널려 있었으며, 부와 권력은 소수의 손아귀에 집중되어 있었습니다.

■ 제국을 위하여

1880년대에 이탈리아는 당시 유럽에서 유행하던 인식 때문에 큰 피해를 보게 됩니다. 즉, 국가란 식민지를 거느리지 않으면 별 볼일 없다는 생각이 그것이었습니다. 하지만 로마 제국의 영광은 옛이야기였으며, 제국을 건설하려는 이탈리아 인들의 노력은 하나같이 물거품이 되었습니다(위대한 가리발디는 언제나 제국주의에 반대하는 입장을 확고히 하고 있었습니다. 그가 말하길 만약 이탈리아 인들이 다른 민족을 억압한다면, 자신은 억압받는 민족을 도우며 동족인 이탈리아 인들에 맞설 것이라고 했습니다. 하지만 가리발디는 1882년에 세상을 떠났고, 천박하고 탐욕스런 계획이 실행되려 하고 있었습니다).

이탈리아는 에티오피아를 넘보았습니다. 그러나 자부심 강하고 전쟁을 마다하지 않았던 에티오피아 인들이 이러한 이탈리아의 시도를 반길 리가 없었죠. 도갈리 전투에서 500명의 이탈리아 군이 수천 명의 에티오피아 병사들에게 압도당합니다. 이탈리아는 지원군을 파병했으며, 결국에는 소말릴란드 지역에 이탈리아 보호령을 세웠습니다. 1896년에는 이탈리아 군이 또다시 에티오피아로 진출하려 했지만, 아두아 전투에서 크게 패합니다.

■ 제1차 세계대전의 참전

사람들이 흔히 잊고 있는 사실은 이탈리아가 제1차 세계대전 당시에는 영국과 마찬가지로 연합국에 속했다는 점입니다. 이탈리아는 숙적 오스트리아를 혼내주는 것에 관심이 있었으며, 결국에는 전쟁의 막바지에 비토리오베네토에서 오스트리아-헝가리 군을 무찌릅니다.

이탈리아 인들은 전쟁이 끝나자 과연 이 전쟁이 치를 만한 가치가 있었는지에 대해 의구심을 품게 되었습니다. 이탈리아는 트리에스테, 고리치아, 트렌티노 등과 같은 지역을 차지했지만 50만 명의 이탈리아 인이 목숨을 잃었으며, 전쟁으로 막대한 빚을 떠안았고 물가는 치솟았습니다. 지친 이탈리아 인들은 그들의 역사상 가장 큰 실수를 저지르게 됩니다.

■ 파시스트가 로마로 진군하다

비록 히틀러가 그 명성을 독차지하지만, 사악한 파시스트 독재자라면 베니토 무솔리니가 그 원조였다는 사실을 기억할 필요가 있습니다.

히틀러와 마찬가지로 무솔리니도 제1차 세계대전이 끝날 무렵에 등장했습니다. 그는 1921년에 국회의원에 당선되었으며, 파시스트 당을 창당합니다. 나치 당과 마찬가지로 이탈리아의 파시스트 당도 그 존재 목적이 무엇인지가 매우 불분명했지만 반대하는 것이 무엇인지는 명명백백했습니다. 그들은 민주주의, 사회주의, 공산주의, 노동조합 및 언론의 자유를 반대했으며, 그들과 다른 목소리를 내는 사람들을 인정하지 않았습니다. 무솔리니의 파시스트들은 정적을 공격하고 암살하는 무장단체 조직과 같은 일들을 선도했으며, 후일에 히틀러가 이러한 개념들을 도용합니다. 무솔리니는 또한 '검은 셔츠단'을 조직했으며, 로마 제국에서 따온 바보 같은 경례법과 구호를 시행했습니다.

1922년에 파시스트들은 로마에서의 행진을 준비하고 있었습니다. 정부의 굴복으로 무솔리니가 총리로 임명되었으며, 파시스트들의 로마 진군을 막을 수 없었습니다. 1925년에 무솔리니는 '일 두체 Il Duce'라는 공식 직함을 갖게 되는데, 이것은 지도자란 뜻이에요.

■ 파시스트 치하의 이탈리아

무솔리니가 권력을 잡자마자 수립한 관례는 8년 후 히틀러에게 모범이 됩니다. 정치적인 반대의견은 완전히 금지되었으며, 노동조합 활동 역시 법으로 금지되었습니다. 언론의 자유는 억압당했고, 각 지역에서 선거로 뽑힌 관리들의 자리를 파시스트들이 차지했습니다. 정적들은 체포, 구타, 고문을 당했으며, 재판 절차도 거치지 않고 감옥에 갇혔습니다. 무소불위의 국가권력이 정치는 물론 국가 경제도 사실상 지배했습니다(원래 파시스트 정권들은 서로 매우 흡사합니다. 나치 독일이나 대령들 치하의 그리스를 보세요).

적을 무찌를 수 없다면, 차라리 우리의 적이 되라! 이것이 나의 좌우명이다!

■ 무솔리니, 교황과 화해하다

1929년에 무솔리니는 교황과 조약을
체결하여, 교황청과 이탈리아 정부 간의
기나긴 갈등에 종지부를 찍었습니다.
교황이 머무는 궁전과 그 주변 지
역으로 이루어진 바티칸은 오늘
날과 마찬가지로 독립국으로 선
포되어, 나라 안에 또 다른 나라
가 생긴 셈이 되었죠.

사람들이 교황성하의 무류성을 믿는 것과 마찬가지로, 저의 무류성도 믿고 있답니다. 그렇지 않으면 저한테 혼나거든요.

■ 마피아를 혼내주다

마피아가 태동한 시칠리아 섬의 마피아 세력을 분쇄한 것은 무솔
리니의 또 다른 업적입니다. 그는 파시스트적인 방법들을 동원하여
마피아를 혼내주었는데, 혐의만 있으면 가혹행위, 고문, 체포를 했
으며, 재판 절차를 거치지도 않았습니다. 수백 명의 마피아 용의자
들이 체포되었고, 그중에는 증거가 불충분했던 자들도 상당수 있었

습니다. 무솔리니가 동원한 방법
은 그다지 미덥지는 않았으나, 그
이전이나 이후로 무솔리니만큼 효
과적으로 마피아 근절에 성공한
인물은 없었습니다.

■ 다시 아프리카로

1935년에 무솔리니는 에티오피아와 다시 전쟁을 시작합니다. 그
는 국제연맹의 반대를 무시한 채로 파병하여, 이전에 이탈리아가 당
했던 패배를 되갚아주려 했습니다. 이탈리아 군은 원시적으로 무장
한 에티오피아 부족민들에 맞서서 기관총, 비행기, 폭탄, 독가스 따
위를 무차별적으로 사용했습니다. 1936년에 무솔리니는 마침내 승
리를 거둬 에티오피아를 합병했으며, 비토리오 에마누엘레 3세를
에티오피아 황제로 앉혔습니다.

■ 새로운 역법의 도입

이 무렵에 위대한 독재자 무솔리니는 심각하게 미쳐가는 증상을

보이고 있었습니다. 그는 새로운 역법을 도입하여 1936년을 영광스런 파시스트의 시대 14년으로 정합니다. 이 생각은 별다른 인기를 얻지는 못했습니다. 자신의 영광에 집착했던 무솔리니는 정보에 귀를 기울이지도 않았으며, 아무도 감히 나서서 그에게 진실을 말해주지도 않았습니다. 무솔리니는 공군 병력이 실제보다 2배 많은 것으로 착각하고 있었습니다. 그가 비행장 한 곳을 시찰하고 나면 공군은 그곳에 있던 비행기들을 다음 시찰지로 옮겨놓는 식으로 해서 무솔리니의 눈을 가렸던

새 달력으로 계산하면 저분은 14세야!

것입니다. 하지만 그는 기차가 제 시간에 운행되도록 만든 공로는 인정받고 있습니다. 영국 국유철도에서의 근무가 무솔리니에게는 더 좋았을지도 모르겠군요.

■ 스페인 내란의 발발

1936년에 스페인 내란이 발발했으며, 히틀러와 마찬가지로 무솔리니도 같은 파시스트인 프랑코의 편에 서게 됩니다(무솔리니와 생각이 달랐던 이탈리아 인들도 있었으며, 파시스트에 반대하던 많은 이탈리아 망명객들이 프랑코에 맞서 싸웠습니다).

무솔리니는 승리자의 편에 섰지만, 대가를 치러야 했습니다. 그는 전쟁광 히틀러와 점점 더 밀접한 관계를 맺게 되었죠. 히틀러가 독일을 장악한 것은 1933년이었지만, 그는 이미 권력과 영향력 면에

서 무솔리니를 압도하고 있었습니다. 결국은 히틀러로 인해 무솔리니가 몰락하게 됩니다.

■ 악몽과도 같은 제2차 세계대전

이탈리아로서는 제1차 세계대전이 그다지 성공적이었다고 할 수 없으며, 제2차 세계대전은 그보다 더 좋지 않았죠.

처음에 무솔리니는 신중한 입장을 취했습니다. 그는 1939년에 스스로 알바니아를 침공했으며, 그리고는 확고하게 중립을 유지합니다. 히틀러가 유럽 대부분을 장악하자 그제야 무솔리니는 승리하고 있던 히틀러의 편에 섰습니다. 제2차 세계대전은 이탈리아로서는 악몽과도 같았답니다. 1940년에 이탈리아는 알바니아를 통해 그리스를 공격합니다. 그리스는 이탈리아를 확실하게 격파했을 뿐만 아니라, 알바니아도 공격합니다. 히틀러는 하는 수 없이 독일군을 보내 이탈리아 군을 구출해야 했죠.

한편 영국군은 이탈리아가 장악하고 있던 동아프리카를 공격하여 이탈리아 군을 이집트에서 쫓아냅니다. 이탈리아는 다시 한번 독일군의 도움을 받게 됩니다.

난 퇴각 나팔소리는 익혔지만, 진군 나팔소리는 배울 필요가 없었지.

■ 설상가상

형편은 조금도 나아지지 않았습니다. 1942년에는 이탈리아의 상선들이 전멸하여 끔찍한 식량난이 발생하게 됩니다. 게다가 치열했던 러시아 전선에서는 수천 명의 병사들이 죽어가고 있었습니다. 이와 때를 같이하여 이탈리아 내에서는 파시스트에 반대하는 저항운동이 싹트고 있었으며, 대도시에서는 파업이 발생했습니다.

■ 연합군의 시칠리아 상륙

1943년에 연합군은 시칠리아에 상륙했는데, 무솔리니 때문에 시련을 겪고 있던 이 지역 마피아가 연합군에 적극적으로 협조했습니다. 이탈리아의 패배가 임박한 것은 분명했습니다. 파시스트 대평의회는 무솔리니의 총리직을 박탈했으며, 그를 체포합니다. 국왕은 바돌리오 원수를 총리로 임명합니다. 바돌리오는 몇 주 동안 우왕좌왕하다가 독일에 전쟁을 선포합니다. 이탈리아는 전쟁이 한창일 때 다른 편에 붙은 셈이죠.

■ 스코르체니의 묘기

한편 무솔리니는 아브루치 산맥의 컴포임페라토레에 유폐되어 있었습니다. 그 유명한 오토 스코르체니가 이끄는 독일 특수부대가 글라이더로 과감한 구출작전을 벌여, 무솔리니를 재빨리 독일로 데려갔습니다. 히틀러는 독일이 확실하게 점령하고 있던 이탈리아의 살로 지역에 소공화국을 세워 무솔리니를 지도자로 내세웁니다.

■ 해방과 저항

이 무렵 대부분의 이탈리아 사람들은 그들의 작은 카이사르 무솔리니에 심한 환멸을 느끼고 있었습니다. 나폴리의 민중 봉기가 성공하여 그곳에 있던 독일군이 항복합니다. 특히 북부지역에서는 파르티잔의 저항이 활발했습니다.

1943년에 연합군이 이탈리아 남부지역에 상륙합니다. 1944년과 1945년에 걸쳐 연합군은 서서히 이탈리아 반도의 북부지역으로 진군해갔습니다. 파르티잔의 저항도 점점 세력을 키워가며 계속되었죠. 파르티잔은 연합군이 도착하기도 전에 밀라노와 기타 북부 도시들을 해방시켰습니다.

1945년에 무솔리니는 자신의 소공화국을 빠져나갔습니다. 하지만 곧 파르티잔에 붙들려 처형됩니다. 이로써 이탈리아 파시즘 시대가 막을 내렸습니다.

■ 전후의 이탈리아

전쟁이 끝나자 비토리오 에마누엘레 3세는 파시즘에 동조한 것에 죄책감을 느껴 물러났습니다. 그러나 이미 이탈리아 인들은 영원히 군주제에 등을 돌렸으며, 1946년에 국민투표가 실시됩니다. 이탈리아 인들은 공화제를 선택합니다.

기독교민주당이 새로이 정부를 구성하여 집권했으나, 여러 차례 연립정부를 구성해야 했습니다. 그 이후로 연립정부가 들어서는 것이 관례가 되어 정권이 자주 바뀌게 됩니다.

■ 산업화의 물결

1950년대에 이탈리아는 올리베티나 피아트 같은 세계적으로 유명한 기업들이 주목을 받으며 선진 산업국가로 변모하기 시작합니다. 1957년에는 유럽 공동시장의 창설 회원국이 되었으며, 유럽 공동시장을 출범시키기 위한 조약이 로마에서 조인되었습니다. 산업의 발전은 대부분 북부지방을 중심으로 이루어졌는데, 노동자들은 거의가 남부지방 출신이라서 남부지방은 인구가 많이 줄었으며 그 어느 때보다 가난해졌습니다. 풍요로운 북부의 공업지대와 가난한 남부의 농촌지역 사이의 격차는 오늘날까지도 사회문제가 되고 있습니다.

■ 혼란의 20년

1960년대와 1970년대의 이탈리아 경제는 치솟는 물가와 실업으로 홍역을 치릅니다. 엎친 데 덮친 격으로 테러행위가 만연했습니다. 1978년에는 악명 높았던 붉은 여단이 알도 모로 총리를 납치하여 살해했습니다. 1980년에는 볼로냐 역에서 폭탄 테러가 발생하여 84명이 희생되기도 했습니다. 곧이어 경찰의 대대적인 단속이 뒤따랐으나, 1988년에도 총리 보좌관이 살해되는 사건이 발생합니다.

■ 슈퍼스타 이탈리아

이탈리아의 정치를 살펴보면, 기독교민주당, 사회당, 공산당, 급진당 등 여러 정당들이 합종연횡하며 어지럽게 경쟁하고 있습니다 (급진당은 그 후보들 가운데 하나가 성인 영화배우 치치올리나였기 때문에 세계적으로 유명해졌으며, 그녀는 옷을 벗고 선거운동을 했습니다). 어쨌든 온갖 어려움에도 불구하고 이탈리아의 경제는 줄곧 성장하여 번영을 누려왔습니다. 전통적으로 이탈리아의 암시장 경제는 유럽에서 가장 활성화되어 있죠. 이제 이탈리아는 디자인, 패션, 공업 분야에서 앞서가고 있으며, 특히 자동차와 의류산업 부문에서 두각을 나타내고 있습니다.

겸손보다는 자랑하기를 좋아하는 이탈리아 사람들은 그들 말로 '일 소르파소Il Sorpasso'를 주장하고 있습니다. 즉, 이제 이탈리아가 경제 발전에 있어서 프랑스와 영국을 추월하고 있다는 것이죠.

이탈리아의 성적표

 음식 : 10점　　이 분야에 높은 점수를 줄 수 있으며, 프랑스와 막상막하라고 할 수 있어요. 구미가 당기는 요리가 많으며, 여러 종류의 파스타를 기본으로 합니다. 다양한 포도주도 유명하죠.

문학과 예술 : 8점　　미술에 관한 한 최고 수준입니다. 보티첼리, 다 빈치, 미켈란젤로, 라파엘로, 카라바조, 베르니니, 피라네시, 모딜리아니는 비교적 잘 알려진 이름들 중에서도 극히 일부에 불과하죠.
영화 역시 세계적으로 유명하며, 이탈리아 출신의 훌륭한 감독으로는 비스콘티, 데 시카, 로셀리니, 펠리니, 파솔리니, 베르톨루치, 안토니오니, 로시, 올미, 타비아니 형제 등이 있습니다(이탈리아 이름은 모두 'i' 나 'o' 로 끝난다는 말은 사실이 아닙니다. 단지 그렇게 보일 뿐이죠).

경치 : 9점　　매우 다채로우며 뛰어난 경치 역시 최고죠. 리비에라의 이탈리아 구역, 토스카나의 완만한 산지, 알프스의 산악 스키 휴양지 등이 있습니다.

정치 : 3점　　이탈리아 사람들이 그랜드 오페라를 창안했다는 사실은 정치를 들여다보면 쉽게 알 수 있습니다. 정치 역시 그랜드 오페라와 마찬가지로 격정적이며 극적이어서, 공산주의와 파시즘이라는 양극단과 그 사이에 있는 수많은 정당들이 치열하게 투쟁하고 있습니다.

국민성　이탈리아 인들에게는 매력적인 모순이 있습니다. 그들 나라의 정치처럼 열정적이고 극적이며, 거만하고, 국수적이고, 여성 차별적이면서도, 매력적이고 친절하며 사람을 편하게 해주기도 합니다. 이탈리아 인들은 멜로드라마 같은 기질을 지녔지만, 한편으로 다양한 면을 보여주기도 하죠. 아마도 이탈리아 인들의 가장 훌륭한 자질은 인생이나 스스로를 완전히 진지하게 받아들이지 않는다는 점일 것입니다. 그들에게는 인생 자체가 곧 연극이라고 할 수 있죠.

9장 꼬마 룩셈부르크

룩셈부르크의 공식 이름은 룩셈부르크 대공국이지만, 사실은 유럽연합에서 가장 작은 나라입니다. 면적은 2,586km²에 인구는 불과 43만 명이 조금 넘죠. 하지만 이렇게 작은 나라에 알차고 훌륭한 것들이 가득하답니다.

조금 있으면 룩셈부르크에 도착해. 괜찮았지?

룩셈부르크가 독립하게 된 것은 19세기 초의 일입니다. 그때까지 룩셈부르크의 역사는 네덜란드와 벨기에의 역사와 뒤섞여 있었죠.

이들 나라처럼 룩셈부르크
도 스페인과 오스트리아령
네덜란드에 속해 있었으
며, 그후에는 프랑스,
스페인, 오스트리아에
차례로 점령됩니다.
자신이 살고 있는 곳이

어느 나라에 속하는지를 알지 못하면 어리둥절해지는 법이죠!

■ 나폴레옹에 점령당하다

나폴레옹 치하의 프랑스가 위세를 떨치던 시기에 룩셈부르크는
네덜란드와 더불어 프랑스 제국에 합병되었습니다.

■ 홀로서기

1815년에 나폴레옹이 워털루 전투에서 패한
후에 모든 것이 변했습니다. 여러분은 이 전투
에서 승리한 동맹국들이 벨기에와 네덜란드를
합쳐서 네덜란드 연합왕국을 세운 사실을 기억
하실 겁니다. 오라녜 공 빌렘이 빌렘 1세가 되
었죠. 이와 동시에 룩셈부르크도 독립적인 대
공국이 되어서, 빌렘 1세가 룩셈부르크의 대
공도 겸하게 되었습니다. 그렇다면 빌렘 1
세는 모자를 2개 쓰고 있었을까요? 아니면

왕관을 2개 썼을까요?

이상한 일이지만, 새롭게 들어선 네덜란드 연합왕국과 룩셈부르크 대공국 사이의 유일한 연결고리는 같은 군주가 통치한다는 사실밖에 없었습니다. 동맹국들은 언제나 그랬듯이 일방적으로, 룩셈부르크가 독일연맹의 일부가 되어야 한다고 결정했습니다. 이로써 룩셈부르크 시는 독일연맹의 보루가 되었고, 프로이센의 수비대가 주둔하게 됩니다. 1830년에 네덜란드 연합왕국이 분열되자, 룩셈부르크는 반란을 일으킨 벨기에의 편을 들었습니다.

■ 대공국의 분리

빌렘 1세는 새 왕국의 반을 잃는 것을 원치 않았지만, 벨기에 사람들은 강하게 독립을 요구합니다. 1839년에는 런던 조약으로 벨기에가 네덜란드 연합왕국에서 공식적으로 떨어져나갔습니다. 동시에 룩셈부르크 대공국도 나뉘어졌습니다. 대공국의 서쪽지역은 벨기에와 합쳐집니다. 빌렘 1세는 더 작았던 동쪽지역을 가졌는데, 이 지역이 오늘날의 그다지 크지 않은 룩셈부르크 대공국이 되었죠.

■ 프로이센 군대가 떠나다

룩셈부르크 시에는 뾰족한 투구를 쓴 프로이센 병사들이 여전히 득실거리고 있었습니다. 그들은 1867년에 독일연맹이 해체되고 나서야 고향으로 돌아갔습니다. 룩셈부르크 사람들은 안도의 한숨을 내쉬고는, 재빨리 프로이센 군대의 요새가 있던 자리를 모조리 넓은 도로로 바꾸어버렸습니다.

■ 독일이 다시 돌아오다

1914년에 룩셈부르크는 중립을 지키려 애썼지만, 소용이 없었습니다. 벨기에와 마찬가지로 룩셈부르크 역시 독일군의 침략을 받게 됩니다.

■ 히틀러의 침략군에 저항하다

룩셈부르크는 1939년에도 운이 따라주지 않았습니다. 벨기에처럼 룩셈부르크의 중립성도 히틀러의 침략군에 묵살당했습니다.

비록 소규모이긴 했지만 룩셈부르크는 독일군에 저항했습니다. 룩셈부르크 시에 세워져 있는 한 기념비는, 전쟁 희생자들과 나치에 저항하다 숨진 사람들을 기리고 있습니다.

■ **베네룩스 관세동맹의 발효**

독일에서 해방된 룩셈부르크는 더욱 가까워진 유럽의 혜택을 가장 먼저 받게 된 나라들 중 하나였습니다. 1948년부터는 룩셈부르크가 벨기에 및 네덜란드와 체결한 베네룩스 관세동맹이 발효되었습니다. 룩셈부르크는 또한 나토, 즉 북대서양조약기구에도 가입합니다. 1957년에는 유럽 공동시장의 창설 회원국이 되었습니다.

■ **유럽 공동시장의 중심 도시**

그후 룩셈부르크 시는 유럽 공동시장의 중심 도시가 되었습니다. 룩셈부르크 시는 스트라스부르를 대신하여 사실상 유럽 공동시장의 수도 역할을 하게 됩니다. 이렇게 되면 많은 외국인들이 들어오게 되어, 원래 룩셈부르크에 살던 주민들보다 외국인이 더 많이 살게 되지 않을까 하는 우려를 낳기도 했습니다. 룩셈부르크에는 유럽 사법재판소도 있습니다.

■ **세금이 낮은 룩셈부르크**

룩셈부르크의 1인당 담배와 술 소비량이 세계 최고인 것으로 조사 결과가 나온 적이 있습니다. 룩셈부르크에서 살아간다는 것은 마치 기나긴 술잔치를 벌이는 것과 같은 것이 아닌가 하는 착각이 들 정도였죠. 화가

우리가 오명을 쓴 것은 외국인들 때문이지.

난 룩셈부르크 사람들은 이는 모두 외국
인들이 구입하는 것으로서 그들은
룩셈부르크의 낮은 세금을 이용하
여 술과 담배를 사재기하려고 잠시
왔다 간다고 지적했습니다. 오늘
날 룩셈부르크는 유럽에서 가장
번성한 곳 중 하나입니다. 세금
이 낮기 때문에 관리와 사업가, 관광객들에게 인기가 있으며, 이들
이 룩셈부르크를 방문하여 돈을 쓰고 간답니다.

　룩셈부르크를 유명하게 만든 또 다른 명물
은 유럽에서 가장 오래된 민간 라디오 방송국
인 라디오 룩셈부르크입니다. 해적 라디오 방
송국 시절에 앞서, 또한 BBC가 제1라디오 방송을
시작하기 훨씬 전에 라디오 룩
셈부르크는 음악과 영어로
제작한 광고를 팝음악에 굶
주린 영국인들에게 들려주었습니다.

룩셈부르크의 성적표

음식 : 8점 모젤 계곡이 룩셈부르크에 있으며, 이 지역에서 같은 이름의 맛있는 백포도주가 생산됩니다. 음식은 대체로 풍성하고 실속 있는 편이며, 독일과 벨기에의 영향을 받았습니다. 검은 푸딩과 송아지 간 덤플링은 룩셈부르크 사람들이 즐겨 먹는 요리입니다.

문학과 예술 : 3점 요리와 마찬가지로 문화도 주변국인 벨기에와 프랑스, 독일의 문화를 반영하고 있습니다. 유감스럽게도 국제적인 유명인사를 배출하기에는 룩셈부르크가 너무 작군요.

경치 : 5점 좁은 땅덩이에 볼 만한 경치들이 빼곡히 들어차 있습니다. 아름다운 모젤 계곡뿐만 아니라, 북부지역으로 가면 암석과 낭떠러지를 감상할 수 있는 지역도 있답니다.

정치 : 6점 입헌군주제로서 대공이 있으며, 의회 의원은 투표로 선출합니다. 룩셈부르크는 매우 유럽 지향적인 나라입니다.

국민성 비록 땅덩이는 작지만, 국민들은 강인하고 의지가 강하답니다. 다른 나라와 비교하면 왜소해 보일지 몰라도, 룩셈부르크는 독립을 위해 힘겹게 싸워왔으며, 지금도 독립을 유지하기 위해 부단히 노력하고 있습니다. 유럽연합 회원국들 중에서 가장 작은 나라이지만, 오늘날의 룩셈부르크는 평화롭고 부유하며, 유럽의 중심 역할을 담당하고 있다고 할 수 있습니다.

10장 정열의 포르투갈

포르투갈은 오랜 역사를 지닌 작은 나라로서, 1986년에 유럽 공동체 회원국이 되었습니다. 한때 해외에 광활한 식민지를 경영했던 포르투갈은 제2차 세계대전 이후 시련을 겪었으며, 지금은 유럽연합 회원국들 중에서 가난한 나라에 속합니다. 포르투갈과 특히 사이가 좋은 나라는 영국인데, 포트 와인 때문에 그런지도 모르죠. 포트 와인이란 포르투갈 산의 맛이 풍부한 붉은색 보강 포도주로 오랫동안 까다로운 영국 장교들의 입맛을 돋우었답니다.

■ 루시타니 족, 로마 인들과 충돌하다
기원전으로 거슬러올라가면, 당시 포르투갈에서 가장 유력했던 부족은 루시타니 족이었습니다. 그들은 로마 인들이 침략해오자 50

년 넘게 맞서 싸웠습니다. 결국 로마 인들에게 패했지만 루시타니 족이 잊혀진 것은 아닙니다. 이 지역이 루시타니아로 불리게 되었으니까요(제1차 세계대전 당시에 침몰하여 미국이 참전하는 계기를 마련해 주었던 영국의 여객선 루시타니아 호와는 혼동하지 마세요).

■ **또다시 카이사르가 나타나다**

여러 해 동안의 투쟁 끝에 포르투갈은 율리우스 카이사르가 이끄는 로마에 합쳐졌습니다. 카이사르는 나폴레옹과 마찬가지로 약방의 감초처럼 역사에 자주 등장하죠. 그는 올리시포에 수도를 세웠는데, 이곳이 뒷날 리스본이 되었습니다.

우리는 적포도주를 구하러 여기 왔노라.

돌아가요!
여기가
땅 끝이에요!

일단 로마 인들의 정복이 마무리되자 포르투갈은 로마의 조용한 속주로서 평온한 시간을 보냅니다. 로마 인들에게 포르투갈은 경계선을 의미했습니다. 포르투갈을 넘어서면 대서양이니까요.

■ 서고트 족의 등장

술잔치와 마차경주로 흥청거리던 로마 제국이 붕괴되자, 가엾은 포르투갈 사람들이 누리던 평화도 막을 내리게 되었습니다. 털북숭이 야만인들이 떼로 몰려와 마구잡이로 약탈을 일삼았습니다. 이 무렵 4개의 각기 다른 이민족들이 포르투갈을 침략했습니다.

반달 족(공중전화 부스를 박살내거나 벽에 낙서하는 사람들을 가리키는 말이기도 하죠), 수에비 족, 서고트 족, 알라니 족이라는 조금 이상한 이름으로 불렸던 사람들이 그들이죠.

조금 잠잠해지자 서고트 족이 등장합니다. 이들은 6세기에 다소 불안정한 제국을 세웠지만, 거의 200년 가까이 이베리아 반도를 지배했습니다.

■ 무어 인들이 몰려들다

불안정했던 서고트 제국은 내부의 갈등 때문에 붕괴되기 시작했습니다. 그 대신에 크고 강력한 제국이 들어서려 하고 있었죠. 711년에 무어 인들이 근처 아프리카로부터 건너와서, 곧 제국의 남부지역을 수중에 넣었습니다. 그 후 점점 더 많은 무어 인들이 몰려들었습니다. 얼마 지나지 않아 포르투갈의 가장 북쪽지역을 제외하고는 거의 대부분의 땅을 무어 인들이 차지하게 됩니다.

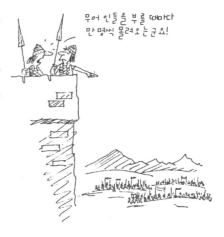

무어 인들의 지배를 받는 생활은 그다지 나쁘진 않았습니다. 기독교도와 유대 교도에게 똑같이 신앙의 자유가 허용되었죠. 지주들 밑에서 소규모로 농사를 지었던 사람들은 땅을 빼앗기지 않았으며, 지주들은 나라에 세금을 바쳤습니다. 무어 인들은 물레방아를 이용하여 물을 끌어들이는 법을 가르쳐주었으며, 벼와 목화, 오렌지, 레몬 따위의 재배법도 전수했습니다.

■ 펠라요가 왕국을 세우다

스페인 사람들 역시 무어 인들에 정복당했으며, 그들과 마찬가지로 포르투갈 사람들도 나라를 되찾는 데 관심이 많았습니다. 이 뻔뻔스런 무어 인 침략자들을 몰아내려는 싸움이 500년 동안이나 계속되었습니다. 718년에는 서고트 족 출신의 펠라요가 코바동가 전투에서 승리합니다. 전투가 끝나고 아스투리아스라는 작은 왕국이 들어섰습니다.

이 왕국은 처음에는 면적이 약 3,000km² 에 불과했지만, 해가 갈

수록 영토가 넓어져서 레온과 갈리시아 지역을 아우르게 됩니다. 또한 아스투리아스는 도우루 강과 미뉴 강 사이에 위치한 포르투칼레 지역을 흡수했는데, 이곳은 오늘날의 포르투갈 북부지역에 해당합니다. 포르투칼레는 곧 자치 왕국이 되었습니다.

■ 십자군의 간섭

새 왕국은 오랫동안 시련을 겪게 됩니다. 1086년에는 훨씬 거친 새로운 무어 인 침략자들이 몰려왔습니다. 포르투갈 사람들은 종종 근처를 지나던 십자군의 도움을 받아 그들을 물리쳤습니다. 십자군들은 기독교의 이름으로 성지를 탈환하러 가는 길이었죠. 경건한 척했지만 실제로는 탐욕스러웠던 십자군들은 무어 인들만큼이나 큰 위협이 되었답니다. 부르고뉴의 레몽은 그들 가운데 한 사람으로, 왕의 딸과 결혼하여 왕국 전체를 차지했습니다.

1147년에는 아폰수 1세가 십자군의 도움을 받아 리스본을 되찾았습니다. 그후 십자군들은 리스본을 약탈하고 나서 배를 타고 성지로 향했는데, 틀림없이 찬송가를 부르면서 갔을 겁니다.

밝고 아름다운 만물들…

무어 인들은 여러 차례 패한 후에 서서히 쫓겨나게 됩니다. 1249년에는 아폰수 3세가 파로를 탈환했으며, 후에 오늘날과 같이 리스본을 수도로 하는 포르투갈 왕국이 공식적으로 탄생합니다.

■ 숲을 조성한 디니스 왕

부르고뉴 왕가는 포르투갈 왕의 자리를 차지하며 뛰어난 업적을 남기는데, 250년 넘게 여러 왕들이 대를 이어 포르투갈을 통치했습니다. 그중 디니스 왕은 숲을 조성했고, 농업을 발전시켰습니다. 곧 포르투갈 사람들은 올리브 기름에서부터 말린 과일이나 생선에 이르는 거의 모든 것을 이웃 나라들에 수출할 수 있게 되었습니다. 디니스 왕은 또한 리스본에 대학을 설립했으며, 반항적인 성전 기사단을 다스려서 마침내 1312년에 교황이 이들을 제압하게 됩니다.

■ 숙적 카스티야 왕국과 맞서다

포르투갈은 이웃한 스페인의 강력한 카스티야 왕국 때문에 항상 위협을 느끼고 있었습니다. 결국에는 2년 동안의 전쟁 끝에 주앙 1세가 이끈 포르투갈 군이 알주바로타 전투에서 승리하게 됩니다. 포

저들은 '레드 애로우스'라고 합니다.
잉글랜드에서 데려왔죠.

르투갈 군은 잉글랜드 궁수부대의 지원 덕분에 병사들이 훨씬 많았던 카스티야 군을 무찌를 수 있었습니다.

주앙 1세는 매우 흡족해하며 1386년에 잉글랜드와 윈저 조약을 맺었으며, 곤트의 존의 딸인 필리파와 혼인했습니다. 두 나라 사이의 동맹관계는 20세기까지 지속되어, 포르투갈은 영국의 가장 오랜 우방으로 불리게 됩니다.

■ 해외 탐험에 나서다

일단 왕국이 안정되자, 포르투갈 사람들이 깨닫게 된 사실은 아프리카가 가까워서 포르투갈이 침략을 받게 된 것이라면, 반대로 그들이 아프리카를 침략할 수도 있다는 것이었습니다. 주앙 1세와 그의 아들인 항해왕자 엔리케는 항해학교를 세웠으며, 원양 항해선의 설계와 건조를 장려합니다. 포르투갈이 해외 탐험과 원정의 긴 여정을 시작한 것이죠. 우선 아프리카 서부 해안으로, 그 다음에는 남미로 진출했습니다.

■ 희망봉의 발견

그 어떤 것도 그들을 막을 수는 없었습니다. 1488년에 포르투갈의 탐험가인 바르톨로뮤 디아스가 희망봉을 발견했습니다. 그로부터 약 10년 후에 바스코 다 가마는 희망봉을 돌아 인도로 가는 매우 유리한 교역로를 개척합니다. 1500년에 포르투갈 사람들은 브라실을 발견했습니다. 아프리카로부터 이미 엄청난 돈을 벌어들이고 있던 포르투갈 왕은 유럽에서 가장 부유한 군주가 되었습니다. 하지만

유감스럽게도 포르투갈 왕들
은 약탈한 물건들에 집착
하며, 백성들을 위해 베풀
지 않았습니다. 왕과 왕의
후원을 받은 탐험가들
(세금도 내지 않았습니
다)은 점점 더 부자가 되었
지만 대부분의 백성들

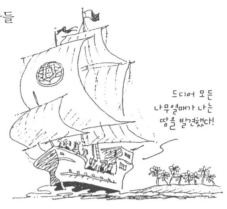

은 그 어느 때보다도 혹독한 가난에 시달려야 했습니다.

■ 포르투갈의 자책골

유럽의 다른 나라에서와 마찬가지로 포르투갈에서도 유대 인들은
제대로 된 직업을 가질 수 없었습니다. 하지만 장사꾼은 될 수가 있
었는데, 이는 기독교를 믿었던 귀족들이 장사를 비천한 것으로 여겼
기 때문이었습니다. 당연히 유대 인들은 상업에 종사하며 많은 돈을
벌 수 있었습니다. 유대 인 대부업자나 상인들이 부자가 될 수 있는
여건을 마련해주었던 기독교도들은 당연히 이에 분개합니다.

유대 인들은 종교적인 이유로도 박해를 당했습니다. 1496년에 포
르투갈의 마누엘 1세는 스페인의 강요로 유대 인 추방을 명령합니
다. 이 어리석은 명령을 뒷받침해준 것이 종교재판(11장을 참조하세
요)으로, 이교도들을 화형시킴으로써 그들의 영혼을 구원할 수 있다
고 믿었죠. 유대 인들은 수천 명씩 포르투갈을 빠져나갔습니다. 그
러자 포르투갈 사람들은 상업을 기반으로 하는 자신들의 제국을 운

영할 상인들이 한 사람도 없음을 곧 깨닫게 됩니다. 포르투갈의 경제가 무너지는 것은 시간 문제였습니다.

■ 스페인 왕이 포르투갈 왕이 되다

세바스티앙 왕은 하필 포르투갈의 재정이 거의 바닥날 무렵을 선택하여 숙적 무어 인들에 맞서는 새로운 십자군을 이끌었습니다. 그가 이끌었던 대군은 전멸합니다. 세바스티앙 왕과 신하들 대부분이 살해된 가운데, 스페인 군대는 손쉽게 포르투갈에 들어올 수 있었습니다. 1580년에 스페인의 펠리페 2세가 포르투갈의 펠리페 1세가 되었습니다.

■ 주앙 4세의 옹립

펠리페 1세가 포르투갈 백성들의 사랑을 받으려고 무진 애를 썼던 반면에, 그의 후계자들은 포르투갈 백성들에게는 별 관심이 없었습니다. 그들은 마드리드에서 뒷짐을 지고 앉아, 엄청난 세금을 거둬들여 그 돈으로 스페인의 끊임없는 정복전쟁 비용을 충당했습니다.

1640년에 포르투갈 사람들은 더 이상 참지 못하고 분노를 터뜨렸습니다. 그들은 리스본의 궁전에 들이닥쳐 스페인 총독이었던 만투아 여공작을 쫓아내고, 자신들의 브라간사 공작을 주앙 4세로 옹립했습니다.

■ 흔들리는 왕국

주앙 4세는 새 왕국이 여전히 불안하다고 느껴, 자신의 딸 브라간사의 카타리나를 복위한 잉글랜드의 찰스 2세와 혼인시켜 잉글랜드와의 동맹관계를 회복시켰습니다. '멋쟁이 왕'으로도 불렸던 찰스 2세는 미남이었으며, 넬 귄을 비롯한 애인들이 많았습니다. 신앙심이 깊은 카타리나로서는 찰스 2세와 혼인한다는 것이 기쁜 일만은 아니었죠. 카타리나는 좀처럼 찰스 2세를 볼 기회가 없었지만, 차라리 그녀에겐 그게 더 나았는지

카타리나는 오런지 재배법에 훤하고 여기 넬은 오런지 파는 법을 잘 아니, 이 얼마나 멋진가!

도 모릅니다. 찰스 2세는 여러 여인들에게 한눈을 팔긴 했지만 진정으로 카타리나를 사랑했습니다.

브라질이라는 새로운 식민지에서 금과 다이아몬드를 발견하게 되자, 바닥을 드러내던 포르투갈의 재정은 활기를 띠게 됩니다. 다시 돈이 돌기 시작했습니다. 하지만 포르투갈의 왕들은 여전히 욕심을 부렸고 사치를 즐겼습니다. 1706년에 즉위한 주앙 5세는 마프라에 엄청난 돈을 쏟아부어가며 수도원을 지어 나라 살림을 망쳤으며, 바로크 양식의 건물을 짓는 데 돈을 흥청망청 썼습니다.

■ 대지진과 폼발의 개혁

1755년에 대지진이 발생하여 나라 살림은 더욱 어렵게 되었습니다. 당시는 유력한 귀족이었던 폼발 후작이 국정을 맡아보고 있던 때였죠. 폼발은 지진 구호작업을 훌륭히 수행하여 유명해집니다. 그

는 어떻게 할 작정이냐는 질문을 받자, "죽은 자들을 묻고, 살아남은 자들을 먹여 살릴 것"이라고 대답했습니다.

폼발이 추진했던 다른 정책들 역시 구체적인 것으로, 세제 개혁, 수출 장려, 노예제 폐지 등이 있었습니다. 그는 포르투갈의 근대화를 추진했으며, 수도 리스본을 재건했습니다.

■ 나폴레옹의 등장

19세기로 접어들면서 포르투갈은 나폴레옹이 세운 새로운 제국과 정면으로 충돌하게 됩니다.

나폴레옹은 포르투갈이 프랑스를 도와 영국 해상 봉쇄에 나서줄 것을 요구했습니다. 당연히 그의 요구는 먹혀들지 않았습니다.

포르투갈을 설득해서 영국 봉쇄에 참여시킬 수만 있다면….

영국과 포르투갈은 단짝이었으며 가장 오랜 우방이었으니까요. 포르투갈 교역품의 대부분이 영국의 항구로 갔습니다. 영국은 바다에서만큼은 천하무적이었죠. 영국 함대가 포르투갈의 교역로를 보호해주었으며, 프랑스는 이에 대해 별다른 조치를 취하지 못했습니다.

하지만 육상에서는 상황이 달랐습니다. 프랑스의 쥐노 장군이 포르투갈을 침공하여, 1807년에 리스본을 점령했습니다.

■ 반도전쟁

유럽의 작은 나라가 대체로 그렇듯이, 포르투갈도 강대국들의 전쟁터로 변해버렸습니다. 포르투갈 왕족들이 안전한 브라질로 피신한 가운데, 영국과 프랑스가 전쟁을 치르게 됩니다(포르투갈이 전쟁터를 제공해주었으므로 영국 편에 가담할 수 있었습니다).

영국은 포르투갈에서 두 차례 프랑스를 몰아냈습니다. 프랑스는 두 차례 다시 침공했지만 계속 쫓겨날 뿐이었죠. 나폴레옹의 군대는 굶주리며 행군했으며, 포르투갈 땅에서 먹을 것을 구했습니다. 실제로 이들은 먹을 것과 마실 것, 그리고 값나가는 모든 것들을 빼앗았습니다. 가엾은 포르투갈 사람들은 나폴레옹의 군대에 짓밟히며 엄청난 피해를 보게 됩니다. 마침내 영국의 웰링턴 장군이 프랑스 군대를 포르투갈에서 스페인으로 쫓아냈고, 스페인에서도 몰아냈습니다.

■ 브라질 문제

나폴레옹이 워털루 전투에서 패한 후, 포르투갈의 정세는 이상하게 흘러갑니다. 전쟁이 끝나자 영국은 포르투갈의 식민지 브라질과 자유롭게 교역할 수 있는 권리를 획득했습니다. 브라질은 더욱 번성했으며, 포르투갈에 대한 의존에서 벗어나고 있었습니다. 포르투갈 왕이었던 주앙 6세는 여전히 브라질에 머물고 있었죠. 포르투갈과 브라질은 주객이 전도되는 꼴이 되어버린 것입니다. 포르투갈에서는 군부가 권력을 잡고 있었는데, 이들은 패배한 나폴레옹이 전파한 혁명 이념에 이미 물들어 있었습니다.

■ 코르테스와 자유주의 헌법

1820년에 일단의 장교들이 코르테스, 즉 의회를 소집하여 귀족과 성직자가 누렸던 특권들 가운데 상당 부분을 폐지한 자유주의적인 새 헌법을 제정했습니다. 이 무렵 브라질 사람들이 독립을 요구하여 브라질의 정세가 위태로워지자 그곳에 머물고 있던 주앙 6세는 카를로타 왕비와 작은 아들 미겔을 데리고 귀국했습니다. 큰아들 페드루 왕세자는 브라질에 남았죠. 주앙 6세는 귀국하여 새 헌법을 승인합니다. 하지만 카를로타 왕비와 미겔 왕자는 새 헌법을 거부함으로써 뒷날 온갖 분란이 발생하게 됩니다.

■ 미겔의 배신

1826년에 주앙 6세가 사망하자, 페드루 왕세자를 포르투갈 왕으로 옹립하려는 움직임이 일었습니다. 하지만 페드루는 이미 브라질 황제로 남기로 마음을 굳히고 있었습니다(이 대목부터 문제가 아주 복잡해집니다). 페드루는 포르투갈 왕위를 자신의 딸인 마리아 2세에게 물려줄 것이라고 밝힙니다. 동생 미겔은 형 페드루가 작성한 새 헌법을 받아들이겠다고 약속만 하면 섭정할 수 있었습니다. 미겔은 이에 동의합니다. 하지만 그는 권력을 잡자마자 새 헌법을 무효화시키고, 구식의 전제군주 방식으로 통치하려 했습니다.

포르투갈 사람들은 이에 반기를 들었으며, 영국, 스페인, 프랑스가 그들을 지지했습니다. 1834년에 미겔은 폐위되었으며, 페드루(브라질 황제 자리에서 물러난 지 얼마 되지 않았죠)가 왕이 되었습니다.

■ 군주정에서 공화정으로

페드루는 포르투갈 왕위에 오른 직후에 세상을 떠났으며, 군주제 역시 그리 오래가지 못했습니다. 페드루가 죽자 그의 딸 마리아 2세가 포르투갈을 통치하게 됩니다. 그녀는 불과 15세의 나이에 여왕이 되었습니다. 그 이후에는 페드루의 손자 페드루 5세와 루이스가 왕위를 계승합니다.

마리아 2세의 재위기간은 그녀가 이끈 수정헌장 지지자들과 그 이전의 자유주의적 헌법으로의 회귀를 원했던 자들 간의 투쟁으로 점철되었습니다. 1846년에는 내란 직전까지 갔습니다. 열강들이 개입하여 사태를 진정시켜야 했습니다.

그후 사정은 다소 나아집니다. 산업화에 힘입어 경제가 발전하게 됩니다. 하지만 왕실의 권위는 추락했으며, 관리들과 백성들 사이에서는 공화주의가 힘을 얻고 있었습니다.

루이스 왕의 뒤를 이어 카를루스가 왕위에 올랐는데, 그는 독재를 하려다가 허망하게 암살당하고 맙니다. 그의 뒤를 마누엘 2세가 이었습니다. 1910년에는 육군과 해군이 힘을 합쳐 혁명을 일으켰습니다. 마누엘 2세는 폐위되었고, 포르투갈은 공화국이 되었습니다.

■ 공화국의 혼란

여느 때처럼 사람들은 혁명이 모든 문제를 해결해줄 것이라 믿었지만 그 기대는 무참히 깨졌습니다. 개혁에 대한 약속이 이행되지도 않았죠. 기존의 비효율적인 관료주의가 끈질기게 살아남아 새 정부의 정책을 무력화시켰습니다.

군부는 계속 실세로 군림했습니다. 1910년에서 1926년 사이에 군부가 지원한 쿠데타가 45차례나 발생했습니다.

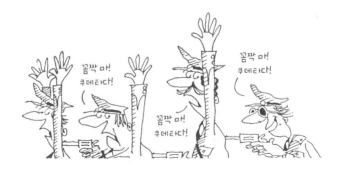

■ 전후의 불안

제1차 세계대전이 발발하자 포르투갈은 2년 동안 중립을 지키다가 1916년에 연합국에 가담합니다. 포르투갈의 참전은 전세에 별다른 영향을 주지는 못했지만, 포르투갈의 어려움은 커져만 갔습니다. 전쟁이 끝나자 포르투갈은 정치 불안, 암살, 빈번한 쿠데타 발생, 치솟는 물가, 잇따른 파업과 시위로 휘청거리게 됩니다.

나라가 이 지경이 되면 국민들은 절망감에 빠져 구세주를 찾기 마련입니다. 모든 문제를 해결해줄 독재자 말이죠. 이탈리아에서는 무솔리니가, 독일에서는 히틀러가, 그리고 스페인에서는 프랑코가 등장했습니다. 포르투갈에서 구세주로 등장한 사람은 살라자르 박사였습니다.

■ 독재자 살라자르의 등장

1928년에 안토니오 살라자르라는 한 경제학 교수가 재무장관에 임명됩니다. 그는 정부의 모든 재정을 통제할 것을 수장하면서, 취임하자마자 예산의 균형을 맞추었으며 포르투갈 경제를 회복시켰습니다. 그후 살라자르는 완벽하게 국정을 이끌어나갔습니다. 그는

1932년에 총리로 임명되어 36년간 그 자리를 지키며 독재자로서 포르투갈을 통치합니다. 살라자르 정권은 얼핏 보기에는 파시스트 정권이 아니었지만, 사실상 온갖 파시스트적인 요소들을 갖추고 있었습니다. 유일하게 허용되었던 정당인 국민연합당에서만 국회의원이 선출될 수 있었습니다. 엄밀히 말하자면 노조활동이 금지된 것은 아니었지만, 기업주가 노조를 운영했습니다. 교육은 국가가 통제했으며, 언론과 출판에 대한 검열제도도 엄격했습니다.

무엇보다도 살라자르는 비밀경찰인 PIDE(Polícia Internacional de Defesa do Estado)를 운영했는데, 그의 단짝 히틀러가 운영한 게슈타포의 지원으로 이들을 훈련시킬 수 있었습니다.

비밀경찰 PIDE는 불법 구금, 고문, 강제 수용소 운영 등과 같은 전형적인 파시스트 수법들을 동원하여 살라자르가 40년 가까이 포르투갈을 통치하는 데 일조했습니다. 군부를 등에 업은 포르투갈식의 쿠데타조차도 더 이상 발생할 수가 없었죠. PIDE는 군부에도 침투하여, 살라자르에 반대하는 음모를 꾸미는 군인들을 엄히 처벌했으니까요.

■ 프랑코 동지에 대한 지지

1936년에 스페인 내란이 발발하자 포르투갈은 공식적으로는 중립을 유지했습니다. 하지만 살라자르는 파시스트 동지였던 프랑코를 최대한 지원해주었으며, '비정규' 부대를 파견하여 파시스트 편에 서서 싸우게 했습니다.

■ 제2차 세계대전에서 중립을 유지하다

살라자르의 속마음이야 어쨌든 그는 제2차 세계대전에서 엄격하게 중립을 유지하며 독일은 물론이고 영국과도 교역을 했습니다. 아일랜드에서와 마찬가지로 리스본에서도, 독일과 영국의 스파이와 외교관들이 담배연기 가득한 카페에서 서로를 의심의 눈초리로 노려보았습니다(이언 플레밍이라는 영국의 젊은 해군 첩보 장교는 어느 유명한 독일 스파이와 도박을 벌임으로써 독일의 전쟁 노력에 맞서려고 했습니다. 하지만 플레밍은 독일 스파이에게 돈을 몽땅 잃고는 빈털터리가 되어 집으로 돌아갔습니다. 이후 플레밍은 당시의 경험을 바탕으로 한 첫 소설 《카지노 로얄》을 써서 잃은 돈을 만회합니다. 당연히 소설 속에서는 영국의 첩보원이 이기죠. 이 소설의 주인공은 영국의 비밀 첩보원 제임스 본드입니다).

■ 여전히 건재한 살라자르

전쟁이 끝나고 히틀러와 무솔리니가 사라지자 포르투갈 사람들은 변화를 기대했습니다. 그러나 어림없는 일이었죠. 스페인에는 프랑코가 건재했고, 포르투갈에는 살라자르가 있었으니까요. 하지만 국내 정세는 안정되었던 반면에, 해외의 식민지 문제는 폭발하기 직전이었습니다.

■ 피를 부른 제국의 몰락

제2차 세계대전이 끝나자 강대국들의 해외 식민지 경영은 시대에 뒤떨어진 낡은 것이 되었습니다. 아시아와 아프리카 곳곳에서, 한때는 식민 지배를 받았던 여러 민족들이 자신들의 나라를 되찾고자 목소리를 높이기 시작했습니다.

영국인들이 현명했던 것은 떠날 때를 정확히 알고 있었기 때문이죠. 식민지 백성들이 자신들의 의사를 분명히 밝히면, 영국인들은 차양용 헬멧 모자, 불룩한 반바지와 영국 국기를 챙겨서 조용히 그 나라를 떠났습니다. 영국은 인도와 아시아 및 아프리카의 넓은 지역들을 놀라울 정도로 조용하게 포기했답니다. 기껏해야 "정말 미안해 친구! 그토록 독립을 열망하고 있는 줄은 미처 몰랐어!"라고 투덜거리면서 말이죠.

이제 우리 영국인들은 떠날 때가 됐어. 가장 맛있는 탄두르 식당들은 이제 모두 영국에 있는 걸.

식민지 문제에 관한 한 이탈리
아와 프랑스는 영국과 달랐으며,
포르투갈 역시 매우 시끄러웠죠.
살라자르는 포르투갈의 식민지를
지키는 데 필사적으로 매달렸습니다.
하지만 결과적으로 포르투갈은 결코
승리할 수 없는 처참하고 긴 식민
지 전쟁에 휘말리게 됩니다.

이제 아프리카를
떠날 때가 된 것 같아.

　1961년에 인도는 당시 포르
투갈의 식민지였던 고아 지역을 차지합니다. 모잠비크, 앙골라, 기
니 등지에서도 봉기가 발생하여, 포르투갈이 진압에 나섰으나 허사
였죠. 포르투갈은 실익 없는 이러한 식민지 전쟁 때문에 다른 나라
들의 비난을 받았으며, 특히 포르투갈 군부의 불만이 커져서 결국에
는 쿠데타가 일어나게 됩니다.

■ 살라자르가 쓰러지다
　하지만 살라자르의 몰락은 정치적
이 아니라 육체적인 이유에서 비롯됩
니다. 1968년에 간이의자가 내
려앉아 그는 머리를 크게 다
쳤으며, 그의 정권도 무너졌
습니다(살라자르는 더 이상 총리가
아니었지만, 누구도 감히 그에게 그 사실

여기,
뇌가 떨어져 있어요!

을 말하지 못했죠. 살라자르는 자신이 여전히 총리라고 굳게 믿고 있다가 2년 후에 숨을 거두었습니다).

■ 혁명과 독립

살라자르의 뒤를 이은 카에타누는 기존 통치방식을 유지하려 애썼습니다. 하지만 살라자르가 숨을 거두자 드디어 변화가 찾아왔습니다. 1974년에 MFA라는 군부 내의 조직이 무혈 쿠데타를 일으켜 정부를 전복시킨 것입니다.

이후 수년간 임시정부가 여러 차례 수립되었다가 사라지는 혼란이 이어집니다. 군부는 아프리카에서 곧장 철수하기를 바라고 있었습니다. 결국 포르투갈은 모든 식민지를 독립시켜주었습니다.

■ 민주주의를 향한 전진

1983년의 선거에서 사회당이 승리했지만, 사회민주당의 도움을 받아 연립정부를 구성해야 했습니다. 연립정부는 포르투갈을 유럽 공동체에 가입시키려는 협상을 시작했습니다. 1985년에 연립정부가 붕괴된 이후 사회민주당 정부가 들어섰으며, 당의 지도자 실바가 총리가 되었습니다.

1986년에는 유럽 공동체 가입을 위한 협상이 마무리되어, 포르투갈은 스페인과 더불어 유럽 공동체 회원국이 되었습니다.

오늘날의 포르투갈 정치는 안정을 찾아가고 있는 듯합니다. 국민들은 주요 정당들을 지지하고 있으며, 좌우익의 대립은 해소되어가고 있습니다. 사회당과 사회민주당은 포르투갈의 양대 정당으로서 하나의 목표를 공유하고 있습니다. 그것은 포르투갈에 평화와 번영을 되찾아주는 것이죠. 유럽연합에 적극적으로 참여하는 것이 포르투갈에 이롭다는 주장에 모두들 동의하고 있습니다.

포르투갈의 성적표

음식 : 7점 요리는 기본적으로 지중해식으로 생선을 중요시한답니다. 소금에 절여 말린 대구로 만드는 바칼라우 요리법은 365가지나 있다고 합니다(하지만 맛은 거의 같다고 하는군요). 신선한 과일, 채소, 샐러드가 풍부할 뿐만 아니라, 다양한 종류의 생선과 바닷가재도 넘쳐나죠. 그 유명한 포트 와인(브랜디를 타서 독하게 만든 포도주를 말해요) 외에도 품질에 비해 값이 싼 포도주도 많답니다.

문학과 예술 : 6점 가장 유명한 시인은 카몽스로서, 그는 탐험가 바스코 다 가마를 다룬 〈우스 루시아다스Os Lusiadas〉라는 서사시를 썼습니다. 로마 시대의 유적에서부터 고딕 양식의 교회와 그림 같은 중세의 성에 이르기까지, 훌륭하고 멋진 건축물들을 자랑하고 있습니다. 잘 알려진 포르투갈 음악으로는 파두가 있는데, 이것은 실연하여 바다에 빠져 죽은 어부를 노래하는 구슬픈 민요입니다.

경치 : 9점 포르투갈은 경치가 매우 아름다운 나라이며, 비교적 좁은 국토에 다양한 풍경들이 펼쳐져 있습니다. 멋진 휴양지에서부터 숲이 우거진 강가와 계곡, 그리고 인상적인 산에 이르기까지 모든 것을 구경할 수 있죠. 게다가 바다도 그리 멀지 않답니다.

정치 : 4점 좋게 말해서 생동감이 넘친다고 할까요. 총칼로 투표결과를 언제라도 뒤집을 수 있다고 생각하는 군인들로 인해 큰 혼란을 겪었습니다.

국민성　점잖고 자부심 강한 포르투갈 사람들은 우울한 면도 있지만, 때로는 매우 능률적으로 일을 합니다. 대체로 포르투갈 사람들은 친절하고, 예의바르며, 따뜻한 성품을 지니고 있답니다.

11장 태양의 나라 스페인

여러분은 아마도 스페인 하면 투우, 플라멩코, 평원에 쏟아지는 비, 종교재판 등을 떠올릴 것입니다(종교재판을 원하지 않으셨다고요? 스페인식의 종교재판을 원하는 사람은 아무도 없습니다).

사람들이 푹 빠질 수밖에 없는 나라가 바로 스페인입니다. 특히 영국인과 미국인들이 스페인을 사랑하죠(투우를 다룬 베스트 셀러 《오후의 죽음》을 썼던 어니스트 헤밍웨이처럼 말이죠).

유럽의 기준으로 따지자면, 스페인은 화려한 역사를 지닌 크고 중요한 나라라고 할 수 있습니다.

■ 로마보다 더 로마다운 나라

스페인의 고대사는 포르투갈과 유사합니다. 이 두 나라 모두 이

베리아 반도에 위치하고 있기 때문이겠죠. 스페인도 포르투갈과 마찬가지로 팽창하고 있던 로마에 정복됩니다. 하지만 포르투갈이 변방이었던 데 비해, 스페인은 로마 제국의 중심지가 되어, 그 중요성으로 치면 이탈리아 바로 다음이었죠. 로마는 다른 나라들을 정복만 한 것이 아니라 진정으로 로마화시켰습니다. 스페인이 배출한 로마 황제로는 트라야누스, 하드리아누스, 마르쿠스 아우렐리우스, 테오도시우스 1세가 있습니다.

스페인은 로마의 모든 영토 중에서도 가장 풍요로우면서 중요한 지역이었습니다. 타라고나, 코르도바, 메리다와 같은 거대한 로마 도시들이 스페인에 있었죠. 스페인 전역에서 로마의 토목기술자들이 도로(온통 곧게 뻗어 있었습니다)와 교량, 수로교 건설 공사로 분주하게 움직였습니다. 생선 내장으로 만든 가룸도 스페인에서 유래한 것으로서, 로마의 식도락가들은 이것을 매우 귀하게 여겼습니다.

스페인에서는 주로 평원에 비가 내리므로 수로교를 건설하는 거랍니다.

■ 이민족의 침입

마침내 로마 제국이 무너지자 스페인은 여러 야만족의 침략에 시달립니다. 그중에서 가장 강했던 서고트 족이 한동안 스페인을 지배했지만, 결국에는 새롭고 더 강력한 북아프리카의 용맹스런 무어 인들에 굴복합니다.

■ 무어 인의 등장

로마 인들은 스스로 강하다고 생각했지만, 스페인을 정복하는 데는 수백 년이 걸렸습니다. 하지만 무어 인들은 즉시 스페인을 쓸어버렸답니다. 스페인 사람들은 어떤 일이 벌어지고 있는지 미처 깨닫기도 전에, 이슬람 제국의 속주인 알안달루스에 살고 있는 꼴이 되어버렸죠. 지배당하는 삶에 익숙해지자 생활이 썩 나쁘지는 않았습니다. 무어 인들은 일부 기독교도들에 비해 한결 너그러웠죠. 고분고분하게 말을 잘 듣고 세금을 꼬박꼬박 내는 한, 신앙의 자유가 보장되었고 별다른 간섭 없이 살 수 있었으니까요.

무어 인들은 싸움을 잘했을 뿐만 아니라, 철학과 수학에도 소질이 있었습니다. 로마 인들과 마찬가지로 무어 인들도 물을 끌어들이는 데 관심이 매우 많았으므로, 적어도 그들의 침략으로 농작물 재배에는 도움이 된 셈이로군요.

■ 코바동가 전투에서의 승리

무어 인들은 스페인의 전 지역을 정복하지는 못했으며, 북부의 험한 산악지대인 아스투리아스에서는 기독교도들이 저항하고 있었습니다. 그들은 718년에 코바동가 전투에서 작지만 소중한 승리를 거두게 됩니다. 그후 아스투리아스라는 작은 왕국이 세워졌습니다. 아스투리아스는 기독교도들에 의한 저항의 중심지가 되었으며, 10세기 초에는 레온과 갈리시아 지역을 아우르게 됩니다. 팽창하던 아스투리아스 왕국에는 카스티야도 속해 있었습니다.

■ 카스티야 왕국의 성립

1037년에 카스티야는 페르난도 1세가 통치하는 왕국이 되었습니다. 카스티야는 레콩키스타(국토회복운동)의 중심지가 됩니다(하지만 카스티야의 스페인 사람들은 말을 할 때, 귀족들처럼 혀짤배기 소리를 합니다. 그래서 어지간해서는 거친 말투로 들리지 않습니다). 이와 동시에 북부지방에서는 아라곤이나 나바라의 바스크 같은 왕국들이 세력을 키우고 있었습니다.

■ 알모라비데 왕조의 침략

기독교 왕조들이 무어 인들을 조금씩 몰아내기 시작했습니다. 1085년에는 엘 시드라는 전설적인 영웅의 활약으로 무어 인들이 장악하고 있던 큰 도시 톨레도를 차지하게 됩니다. 놀란 무어 인들은 본국에 지원군을 요청했습니다. 훨씬 강력한 전사들의 무리인 알모라비데 사람들이 몰려왔으며, 한동안 기독교도들은 힘을 쓸 수 없었죠(기독교도 귀족들이 이슬람 교도를 공격하는 시간만큼이나 땅을 차지하려고 곳곳에서 서로 싸웠기 때문이기도 합니다).

■ 엘 시드 만세

이 암흑의 시대에 나타난 위대한 영웅 엘 시드는 카스티야의 귀족 출신으로서, 그의 본명은 로드리고 디아스 데 비바였습니다. 가히 영웅의 이름답군요. 영주를 뜻하는 아랍 어가 '아시드as-sid'였으므로, 그는 엘 시드로 불리게 되었죠. 엘 시드는 무어 인들을 상대로 한 싸움에서 수없이 승리했으며, 너무나 강하여 심지어 죽어서도 전투에서 승리할 수 있었답니다(병사들이 그의 시체를 말에다 묶어놓았더니, 그것을 보고는 적들이 놀라 도망친 것이죠). 그의 활약상은 장편 서사시에서 확인할 수 있으며, 찰턴 헤스턴이 주인공을 맡은 영화 〈엘 시드〉도 있습니다. 찰턴 헤스턴은 다른 영화에서 모세 역할을 맡기도 했죠.

꼭 묶어서 앉혀놓으라고 했잖아!

■ 왕국들이 힘을 모으다

1212년에 기독교의 대의명분이 다시 힘을 얻어 나바라, 레온, 아라곤, 카스티야의 왕들이 서로 싸움을 멈추고 힘을 모아서 라스 나바스 데 톨로사 전투에서 무어 인들을 무찌릅니다. 이 전투 이후 무어 인들이 수세에 몰리지만, 그들을 스페인에서 완전히 몰아내기까지 그로부터 수백 년이 더 걸리게 됩니다.

■ 페르난도와 이사벨

아라곤의 페르난도 2세와 카스티야의 이사벨 1세는 자신들이 다스렸던 스페인의 가장 강력한 두 왕국을 합쳤습니다. 그들은 카톨릭 왕으로 불렸습니다.

어느 분이 여왕 푸딩을 주문하셨죠?

■ 종교재판

이슬람 침략자들에 맞서 오랜 전쟁을 치른 결과, 기독교 왕국들의 편협한 신앙과 종교적 열정이 강화되었습니다. 1480년에 스페인 종교재판소가 카스티야에서 활동을 시작합니다. 종교재판소란 이를테면 교회의 게슈타포 같은 것으로서, 기독교를 전혀 믿지 않거나 잘못된 신앙을 가진 사람들을 가려내기 위해 설치한 것입니다. 실제로는 주로 유대 인들을 스페인에서 쫓아내는 데 활용하거나, 레콩키스타 이후에도 스페인에 머물고 있던 무어 인들이 그 희생자가 되었죠. 종교재판에는 엄지

난 유대 인도, 무어 인도, 프로테스탄트 교도도 아니라오. 이중 유리를 팔러 다니는 사람일 뿐이지.

손가락 죄기, 고문, 화형 등과 같은 온갖 수단들이 동원되었습니다.

■ 무어 인이 떠나고 콜럼버스가 나타나다

1492년에 페르난도와 이사벨은 그때까지도 버티고 있던 무어 인들을 그들 최후의 보루였던 그라나다에서 쫓아냈습니다.

같은 해에 이 부부는 크리스토퍼 콜럼버스라는 제노바 출신의 탐험가를 지원해주기로 했는데, 그는 인도 제국으로 항해할 수 있는 바닷길을 발견하겠다는 다소 엉뚱한 계획을 구상하고 있었습니다. 페르난도와 이사벨은 그에게 배 한 척과 양식을 내주었고, 그는 항해에 나섰습니다.

콜럼버스는 인도에 도착하지 못하고 실수로 아메리카 대륙을 발견하게 됩니다. 하지만 그곳도 알고보니 꽤 괜찮은 곳이었습니다. 이 일을 계기로 탐험의 시대가 시작되어, 스페인은 아메리카라는 신세계의 거대한 영토를 차지하게 되었으며, 유럽에서 부유한 나라가 되었습니다.

여긴 인도가 아니에요.
인도로 가려면 희망봉에서 왼쪽으로 꺾었어야지.

■ 카를로스 1세가 스페인 왕이 되다

합스부르크 왕가의 카를로스 1세는 혼인으로 복잡하게 얽힌 동맹 관계 덕분에 1516년에 스페인의 왕위에 올랐습니다. 당시 그는 플랑드르 백작이자 네덜란드의 군주이기도 했습니다. 카를로스 1세는 스페인 어를 전혀 몰랐으며, 스페인에 오자마자 왕실의 재물을 빼돌리기 바빴던 플랑드르 출신의 신하들이 그의 주위를 온통 에워싸고 있었답니다. 이 때문에 스페인 사람들은 즉시 반란을 일으켰지만, 결국에는 카를로스 1세를 받아들일 수밖에 없었습니다.

그로부터 3년 후, 카를로스 1세는 훨씬 더 비중 있는 자리를 차지하게 됩니다. 할아버지인 막시밀리안 1세가 세상을 떠나자, 신성로마제국의 황제 자리에 앉게 된 것이죠. 이로써 그는 스페인, 플랑드르, 네덜란드, 프랑스의 대부분 지역을 다스리게 되었습니다.

하나님, 어딘지는 잘 모르지만 저의 스페인 영토를 축복하여 주시옵고….

이 모든 나라들을 차지한 카를로스 1세는 스페인을 다소 소홀히 대했습니다. 그는 스페인에서는 거의 머물지 않았으며, 스페인을 금고 정도로 생각하여 그곳에서 빼앗은 재물(새롭게 개척한 아메리카 식민지에서 금은보화가 쏟아져들어오고 있었답니다)로 신성로마제국의 전쟁 비용을 충당했습니다.

■ 펠리페 2세와 메리 1세의 결혼

그 다음 왕이었던 펠리페 2세 때도 별로 나아진 것은 없었습니다. 그는 스페인에서 나고 자랐으며, 부왕과 달리 스스로 엘에스코리알 이라는 거대한 왕궁을 지어 그곳에서 살았습니다. 엄격하고 신앙에 지나치게 집착했던 그는 야심 있는 인물이었죠. 포르투갈 왕실의 직계 남성 혈통이 끊어지자, 1580년에는 포르투갈 왕좌를 무력으로 차지했습니다. 심지어 그는 잉글랜드를 통치하기도 했습니다. 스페인 왕좌에 오르기 전이었던 1554년에 헨리 8세의 딸이며 '피의 메리'로 불렸던 잉글랜드 여왕 메리 1세와 결혼했던 것이죠. 펠리페 2세는 주로 스페인에, 메리 1세는 잉글랜드에 머물렀는데, 이는 결코 이상적인 결혼생활이었다고 할 수는 없죠(어쩌면 그렇게 했던 것이 더 이상적이었는지 모르겠군요).

펠리페 2세로서는 불행이 었으나, 1558년에 메리 1세가 죽자 그녀의 뒤를 이어 엘리자베스 1세가 잉글랜드 여왕이 되었습니다. 엘리자베스 1세는 언니 메리 1세와는 달리 프로테스탄트 교도였으므로 스페인에 대해서는 별 관심이 없었습니다.

종교재판소

신난다! 오늘밤에는
튀김요리를
만들고 있나봐.

■ 잉글랜드와 사이가 틀어지다

처량한 신세가 된 펠리페 2세는 그후 잉글랜드와 사사건건 충돌하게 됩니다. 프랜시스 드레이크라는 뻔뻔스런 잉글랜드의 뱃사람이 스페인의 갤리언 선을 상대로 해적질을 계속했습니다.

이에 펠리페 2세가 항의하자, 엘리자베스 1세는 매우 유감스럽게 생각하며 이 일에 대해 드레이크에게 분명히 이야기하겠노라고 했습니다. 그러는 동안 드레이크가 약탈해온 것들 중에서 그녀의 몫도 챙겼겠죠. 그뿐만 아니라 엘리자베스 1세는 펠리페 2세의 끈질긴 청혼에 대해 계속 시간을 끌었습니다. 그녀는 심지어 자신의 왕좌를 노린 카톨릭 교도들의 음모에 연루되었다는 이유를 들어, 스코틀랜드 여왕이었던 메리(그녀의 사촌)를 처형하기까지 합니다. 이에 펠리페 2세가 격노하여 잉글랜드를 침공하기로 마음먹자, 드레이크의 함대가 카디스 항으로 가서 스페인의 함대 절반을 불태워버렸습니다.

■ 무적함대의 침몰

하지만 스페인 무적함대는 전열을 재정비하여 잉글랜드로 향했습니다. 펠리페 2세에게는 불운이었지만 잉글랜드로서는 무척 다행스럽게도, 스페인 무적함대는 잉글랜드의 날씨와 싸워야 했습니다. 거대한 스페인의 갤리언 선들이 잉글랜드 해역에서 폭풍을 만납니다. 이로 인해 함대의 절반이 난파되었으며, 나머지는 드레이크가 지휘한 민첩하고 작은 잉글랜드 함대에 침몰되었습니다.

드레이크의 민첩하고 작은 군함들이 스페인 무적함대를 향해 돌격했습니다.

■ 스페인의 시련

그후 100년 동안 스페인은 끊임없이 전쟁을 치렀으며, 그에 따른 부담은 엄청났습니다. 오스만 제국, 독립을 요구했던 네덜란드, 프랑스, 영국, 포르투갈과 전쟁을 벌였죠. 신세계로부터 여전히 재물이 쏟아져들어왔으나 왕과 귀족들만이 그 대부분을 차지했습니다. 나머지 백성들은 전쟁과 굶주림에 시달렸습니다. 유대 인과 이슬람교도들이 쫓겨났으므로 경제는 말이 아니었으며, 종교재판은 엄하게 시행되었습니다. 여러 지역에서 반란이 심심찮게 발생했습니다. 1640년에는 포르투갈이 스페인에서 떨어져나가 사실상 독립하게 됩니다.

■ 부르봉 왕가와 스페인 왕위계승 전쟁

부르봉 왕가의 펠리페 5세가 1700년에 스페인 왕이 되었습니다. 하지만 그의 경쟁자였던 오스트리아의 카를 대공이 스페인의 왕위계승을 요구했습니다. 이로써 스페인 왕위계승 전쟁이 시작되었습니다. 전쟁이 끝난 후에도 펠리페 5세는 왕좌를 지켰으나, 스페인은 벨기에, 룩셈부르크, 이탈리아, 사르데냐를 잃게 됩니다(어쨌든 영국은 지브롤터를 차지했으며, 스페인은 아직도 이 일을 잊지 않고 있으며 용서하지 않았습니다).

그 이후로 스페인은 유럽에서의 입지가 좁아져서, 숙적 프랑스의 영향을 많이 받게 됩니다. 스페인을 또 한 차례 큰 곤경에 빠뜨린 것도 다름 아닌 프랑스였습니다.

■ 프랑스 혁명 속으로

유럽의 모든 나라들과 마찬가지로 스페인 역시 불가피하게 프랑스 혁명과 그 뒤를 이은 나폴레옹 전쟁의 소용돌이에 휘말렸습니다. 왕위에 오른 지 얼마 되지 않았던 카를로스 4세는 불행하게도 유약한 인물이었습니다. 고도이라는 젊고 잘생긴 호위대 장교가 궁전에 들어와서 왕비 마리아 루이사의 마음을 사로잡게 됩니다. 1년도 안 되어 왕비는 카를로스 4세를 설득하여

왕비 마마께서 저를 총사령관으로 만들어주셨군요!

고도이에게 군 총사령관 자리를 마련해주었습니다.

한편 프랑스에서는 혁명이 진행 중이었습니다. 프랑스 사람들이 최고 권력자에게 도전하여 실제로 그들의 왕을 처형하자, 격분한 고도이는 프랑스에 선전포고를 했습니다. 그것은 악수를 둔 셈이었죠. 프랑스 군이 스페인 전역을 휩쓸었으며, 고도이는 서둘러 평화조약을 맺어야 했습니다. 스페인은 입장을 완전히 바꾸었으므로, 사실상 프랑스와 동맹을 맺은 꼴이 되어버렸습니다.

■ 해전에서의 참패

프랑스와의 화해는 훨씬 더 큰 실수였습니다. 이로써 스페인은 영국과 전쟁을 치러야 했는데, 두 차례 해전에서 영국에 참패를 당합니다. 1797년의 세인트 빈센트 해전과 1805년의 트라팔가르 해전이 그것입니다.

■ 조제프 형에게 일자리를 구해주다

스페인 본국의 사태는 진정되지 않았습니다. 고도이는 쫓겨났으며, 1808년에는 카를로스 4세가 퇴위했습니다. 당시에는 나폴레옹이 프랑스를 통치하고 있었죠. 언제나 자신의 가족들 일자리를 마련해주는 데 열을 올렸던 나폴레옹은 형 조제프를 스페인 왕으로 앉혔습니다.

■ 웰링턴 공의 등장

격분한 스페인 사람들이 반란을 일으켜서, 다시 한번 편을 바꿈과

동시에 기나긴 반도전쟁이 시작됩니다. 프랑스 군은 거의 모든 것을 빼앗아가며 스페인을 점령했으며, 가져갈 수 없는 것은 폭파해버렸습니다. 스페인 사람들은 게릴라전으로 맹렬히 반격했습니다. 마침내 영국이 지원군을 보내주었고, 1809년에는

웰링턴 공이 병사들을 거느리고 나타났습니다. 그의 뛰어난 지휘하에 영국과 스페인, 포르투갈 동맹군은 나폴레옹의 군대를 프랑스로 쫓아버렸습니다.

■ 부르봉 왕가의 두 번째 집권

한편 진보적인 일단의 대표자들이 의회를 구성하여, 민주적으로 선출된 의회에 대해서 각료들이 책임을 지도록 했습니다. 동맹국들은 마침내 나폴레옹을 물리쳤고, 쫓겨난 유럽의 왕들을 복위시켰습니다. 그들은 더 이상 공화주의가 필요 없다고 여겼습니다. 스페인에서는 부르봉 왕가의 페르난도 7세가 왕좌를 되찾았습니다. 하지만 스페인으로서는 불행하게도 페르난도 7세는 철저한 절대주의자였음이 드러나게 됩니다. 그는 의회를 해산시켰고, 예수회(지나치게 간교하고 강력해서 쫓겨났던 종파)를 다시 불러들였으며, 심지어 구시대의 스페인 종교재판을 부활시키기도 했습니다.

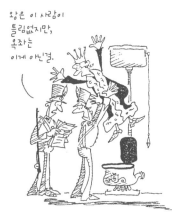

왕은 이 사람이
틀림없지만,
옥좌는
이게 아닌걸.

페르난도 7세는 나머지 재위 기간 동안에도, 이와 같이 지독한 수단들을 동원하여 자유나 진보의 싹을 아예 잘라버리는 데 온 힘을 기울였습니다. 하지만 그는 아메리카의 스페인령 식민지에 대해서는 별다른 조치를 취하지 못했죠. 이들은 하나둘씩 독립을 요구하고 있었습니다.

■ 가족간의 전쟁

페르난도 7세가 세상을 떠나자, 그와 마찬가지로 절대주의를 신봉했던 동생 돈 카를로스와 페르난도 7세의 딸 이사벨 사이에 왕위를 차지하기 위한 다툼이 벌어졌습니다. 이사벨은 군부와 자유주의자들의 지지를 받고 있었죠. 결국

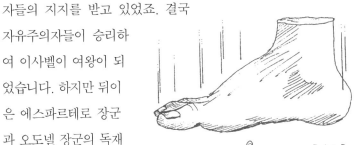

자유주의자들이 승리하여 이사벨이 여왕이 되었습니다. 하지만 뒤이은 에스파르테로 장군과 오도넬 장군의 독재로 인하여 별로 나아진 것이 없었습니다. 그래도 그들은 스페인 종교재판(누구도 피해갈 수 없었죠)을 폐지시켰답니다.

그 누구도
피해갈 수
없을지니….

그 이후 상황은 매우 혼란스러워졌습니다. 1868년에 자유주의자인 후안 프림 장군이 쿠데타를 일으켜 이사벨 2세는 망명길에 올라야 했습니다.

■ 부르봉 왕가가 다시 돌아오다

공화국을 세우려는 시도는 물거품이 되었고, 1875년에 군부는 이사벨 2세의 아들 알폰소 12세를 왕좌에 앉힙니다. 보수주의자들과 그 이름이 그다지 걸맞지 않았던 자유주의자들이 권력을 나누어 가지기로 합의하자, 공산주의자 및 사회주의자, 무정부주의자들과 같은 새로운 좌익 집단들이 격렬하게 반발했습니다.

■ 식민지 전쟁

이 무렵, 스페인은 하는 일마다 꼬이는 듯했습니다. 1898년에 스페인은 석연찮은 이유로 미국과의 전쟁에 휘말리게 되어, 그 결과 마지막으로 남은 식민지였던 쿠바, 푸에르토리코, 필리핀을 잃게 됩니다.

또한 1912년에 스페인은 영국으로부터 모로코 보호령을 받아들였는데, 이 결정은 큰 실수로서 이 때문에 스페인은 길고도 복잡한 식민지 전쟁에 휘말리게 됩니다.

■ 제1차 세계대전의 불참

스페인은 재치 있게 제1차 세계대전에 참전하지 않았으며, 이러한 결정이 경제에 다소 보탬이 되기도 했습니다. 전쟁이 끝난 후 국왕은 프리모 데 리베라 장군에게 의지했으며, 그는 독재로 스페인을 다스리다가 1930년에 사임합니다. 이 무렵 스페인 사람들은 적어도 일시적이나마 왕과 장군들에 환멸을 느끼고 있었습니다. 1931년의 투표에서 사람들은 공화제를 압도적으로 지지했습니다. 국왕 알폰소 13세는 퇴위했으며, 제2공화국이 수립되기에 이릅니다.

■ 불안한 공화국

새 공화국이 평화와 번영을 즉시 가져다주지 못하자 사람들은 등을 돌립니다. 카탈루냐는 독립을 선포했으며, 갈리시아와 바스크에서도 분리 독립운동이 일어났습니다. 정세는 좌우익 모두에게 불리해지고 있었습니다. 농민 봉기와 정치적 암살, 쿠데타 기도가 이어졌으며, 파업은 가혹하게 진압당했습니다. 스페인은 내부적으로 붕괴되어가고 있었습니다.

1936년에 치러진 선거에서 좌익의 인민전선이 압승을 거둡니다. 하지만 새 정권은 힘이 없었으며, 정국은 다시 무정부상태에 빠지게 됩니다. 폭동과 거리에서의 충돌, 암살이 줄을 이었고, 파업으로 국내 정세는 혼란의 연속이었습니다. 나라가 이 꼴이 되면 무슨 일이 벌어질지 아시겠죠? 맞아요, 독재자가 등장할 시기가 된 것이죠. 20세기의 가장 성공적인 파시스트 독재자 말이에요.

폭동, 파업, 암살이라… 놓칠 수 없는 기회로군요.

■ 스페인 내란

1936년에 모로코 수비대가 반란을 일으킵니다. 그 주동자는 정치적 야심을 지닌 프랑코 장군이었습니다. 스페인 전역의 수비대 주둔지역에서도 동시에 봉기가 발생했습니다.

병사들은 자신들이 즉각 승리할 것이라고 기대했으며, 서부와 남부지역을 곧 장악하게 됩니다. 하지만 마드리드와 북부지역에서는 공화파의 반격이 있었으며, 일부 병사들은 공화파를 지지했습니다. 지루하고도 힘겨운 싸움이 프랑코를 기다리고 있었습니다.

■ 가장 '낭만적인' 내란

스페인에서 내란이 계속되자 유럽의 모든 나라들이 참전을 원했습니다. 히틀러와 무솔리니, 살라자르 같은 파시스트 독재자들이 비행기와 병사들을 보내 프랑코를 도왔습니다. 공화국측의 유일한 동맹국은 소련이었으나, 형편이 너무 어려워 큰 도움을 주지는 못했습니다. 좌익 지지자들이 '국제여단' 에 입대하여 공화국 수호에 힘을 보탰습니다.

헤밍웨이나 조지 오웰 같은 유명 작가들이 내란을 취재하기 위해 스페인을 찾았습니다. 당시 거의 모든 좌익 인사들이 내란에 참여하고 있었습니다. 역사상 가장 낭만적인 내란이었음에 틀림없습니다. 공화파는 필사적으로 저항했으나, 프랑코의 병력이 더 우세했으며 외국으로부터의 지원도 더욱 효율적으로 이루어졌습니다. 독일의 폭격기들이 훗날의 큰 전쟁의 예행 연습을 하며 게르니카를 폐허로 만들었습니다.

프랑코는 마침내 1939년 1월에 카탈루냐 지역을 점령했으며, 곧 마드리드에 입성하게 됩니다. 내란이 끝나자 또 다른 전쟁이 기다리고 있었습니다.

■ 스페인, 또다시 중립을 지키다

프랑코는 길고도 힘겨운 싸움을 막 끝냈으므로 또다시 전쟁에 참가하고 싶지 않았습니다. 그 대신 잔당들을 소탕하고 스페인에서 자신의 지배력을 강화하는 데 전념하기로 했습니다. 히틀러는 프랑코가 통치하고 있던 스페인을 자기 편으로 끌어들이려고 안간힘을 썼

으나, 프랑코는 교묘하게 이를 피했습니다. 1940년에 히틀러는 프랑코와의 회담을 마친 후, "이처럼 고집불통인 자와 다시 언쟁을 벌이느니 차라리 내 이빨을 뽑아버리겠다"고 말한 것으로 전해집니다.

독일이 질 것이라는 사실이 확실해지자마자, 프랑코는 그의 파시스트 친구들과 거리를 두기 시작합니다.

■ 전후의 스페인

스페인 경제가 내란으로부터 복구되는 데는 꽤 오랜 세월이 걸렸습니다. 1953년에 미국이 프랑코에게 협정을 맺자고 제안하자, 그는 잽싸게 그것을 받아들입니다. 미국이 스페인 땅에 핵 기지를 세우는 대신에 재정 지원을 해주겠다는 것이었죠. 달러화의 유입과 급속한 산업화 및 관광산업의 성장으로 인해, 스페인은 갑자기 호황을 누리게 됩니다. 이러한 성장은 개혁과 일정 정도의 자유화를 의미했으나, 프랑코는 최대한 오랫동안 이러한 흐름을 막았습니다. 대부분의 좌익 인사들과 자유주의자들은, 제아무리 프랑코라도 영원히 살 수는 없을 것이라는 사실에 희망을 걸고 지하로 숨어들었습니다.

■ 블랑코 제독의 암살

바스크 분리주의자들은 점점 성급해져서 폭탄을 이용하여 사람들에게 그들이 아직 건재함을 알리기 시작했습니다.

블랑코 제독이 날아간다.
프랑코 총통의 후계자라네.

그들은 1973년에 카레로 블랑코 제독에 폭탄 테러를 가하여, 그가 타고 가던 리무진이 마드리드에 있는 어느 교회의 지붕 너머까지 날아가기도 했습니다. 블랑코 제독은 프랑코가 지명한 후계자였습니다. 블랑코 제독이 그의 뒤를 이을 수 없게 되자, 프랑코는 알폰소 13세의 손자인 후안 카를로스를 자신의 후계자로 선택합니다. 1975년에 프랑코가 죽자, 스페인은 또다시 군주국이 되었습니다.

■ 민주주의의 토대가 마련되다

후안 카를로스 1세는 국정을 매우 신중하게 운영했습니다. 그리고는 서서히 스페인을 민주화시키기 시작했죠. 그는 개혁 법안을 지지하여, 민주적으로 선출된 의회가 들어설 수 있도록 했습니다. 사회주의나 공산주의 정당들도 합법화시켰으며, 언론 검열제도도 폐지했죠. 거의 40년 만에 치러진 자유선거에서 수아레스 곤살레스의 민주중도연합(UCD)이 승리하여 재집권하게 됩니다. 드디어 스페인에서도 유럽에서 가장 진보적인 헌법에 속하는 새 헌법이 제정되었습니다.

■ 파시스트의 최후

살아남은 프랑코주의자들은 빠른 시간 안에 너무 많은 것이 변했다고 생각했습니다. 테레호 몰리나 대령은 스페인을 좋았던 과거로 되돌리려는 필사적인 시도를 합니다. 그는 권총을 들고 의사당에 난입하여 쿠데타가 발생했음을 알렸습니다. 장교 한두 명이 과거를 그리워하며 그를 지지했죠. 하지만 국왕 후안 카를로스 1세가 어리석은 짓을 그만두라고 하자, 그들은 모두 양 다리 사이로 권총을 내리고는 집으로 돌아갔습니다.

1982년 선거에서는 새 지도자 펠리페 곤살레스 마르케스가 이끄는 사회노동당이 압승을 거둡니다.

■ 유럽 공동체 가입

매우 뛰어난 정치가인 펠리페 곤살레스 마르케스 총리는 1986년에 스페인을 유럽 공동체에 가입시킵니다. 그후 스페인의 경제는 크게 발전했죠. 1992년에는 세비야에서 세계박람회를, 바르셀로나에서는 올림픽을 개최했습니다.

■ 오늘날의 스페인 정치

오늘날 스페인의 주요 정당에는 국민당(PP), 스페인 사회노동당(PSOE), 좌파연합(IU), 카탈루냐 민주연합(CIU), 바스크 민족당(PNV) 등이 있습니다.

스페인의 성적표

음식 : 7점   프랑스와 이탈리아 요리의 뒤를 이어, 유럽에서 가장 훌륭한 요리 가운데 하나이며, 각 지역별로 특색 있는 요리가 많습니다. 카스티야에는 새끼돼지 구이인 코치네요, 발렌시아에는 파에야가 유명하며, 안달루시아의 황소꼬리 양념 요리인 라보 데 토로도 빼놓을 수 없죠. 포도주가 세계적으로 유명하며, 맥주도 훌륭합니다.

문학과 예술 : 8점   스페인의 문학과 예술은 세계적으로 유명하죠. 화가로는 엘 그레코, 벨라스케스, 고야, 무리요 등이 있으며, 최근에는 피카소, 미로, 그리고 초현실주의 화가 살바도르 달리를 배출했습니다. 문학을 살펴보면, 불후의 명작 《돈 키호테》의 작가 세르반테스가 있습니다.

경치 : 9점   스페인의 풍경은 그 요리만큼이나 지역적으로 다양합니다. 서북지역의 녹색 평원에서부터 카스티야의 바람받이 평원과 알메리아의 사막에 이르기까지 천차만별이죠. 여기에 눈부신 태양과 영국 차를 즐길 수 있는 해변 휴양시설도 많습니다.

정치 : 4점   지금은 그런대로 안정적이며 민주적이지만, 폭탄과 권총으로 대변되는 테러와, 정치가 음모로 이루어지던 시절은 그리 먼 옛날의 이야기가 아닙니다. 스페인에서 정치는 죽느냐 사느냐의 문제입니다.

국민성   자부심이 강하고 열정적이며, 성급하고 거칠어서 매우 남성적이지만, 낭만적인 우수를 띠기도 합니다. 스페인 사람들은 또한 예의바르고 점잖으며 친절하답니다. 길고 비극적인 역사를 뒤로 한 채로 최근에 유럽 통합의 대열에 합류했지만, 스페인의 미래는 밝다고 할 수 있습니다.

주머니 속의 유럽사

초판 1쇄 펴낸 날 _ 2004. 11. 15
초판 2쇄 펴낸 날 _ 2005. 12. 10

지은이 _ 테런스 딕스
그린이 _ 레이 젤리프
옮긴이 _ 전일휘
펴낸이 _ 이광식
편집 _ 곽종구 · 오경화 · 김지연
영업 _ 윤영민 · 조경자
펴낸곳 _ 도서출판 가람기획   등록 _ 제13-241(1990. 3. 24)
주소 _ (121-130)서울시 마포구 구수동 68-8 진영빌딩 4층
전화 _ (02)3275-2915~7   팩스 _ (02)3275-2918
홈페이지 _ www.garambooks.co.kr
전자우편 _ garam815@chollian.net

ISBN 89-8435-205-5 (03920)
ⓒ 가람기획, 2004

값은 뒤표지에 있습니다.
잘못된 책은 구입한 서점에서 바꿔드립니다.

서점에서 책을 살 수 없는 독자들을 위해 우편판매를 하고 있습니다.
수　　협 093-62-112061 (예금주 : 이광식)
농　　협 374-02-045616 (예금주 : 이광식)
국민은행 822-21-0090-623 (예금주 : 이광식)

〈한 권으로 보는 역사 100장면〉 시리즈

한 권으로 보는 세계사 101장면
김희보 지음 | 신국판 | 값 8,000원

인류의 출현에서 소련의 붕괴까지 세계의 역사 가운데 전기를 이루었다고 생각되는 101대 사건을 간명하게 정리, 세계사의 흐름을 파악할 수 있게 했다.

한 권으로 보는 한국사 101장면
정성희 지음 | 신국판 | 값 10,000원

한반도의 구석기문화 출현에서 문민정부의 등장까지 우리 역사에서 전기를 이루었다고 생각되는 101대 사건을 엄선, 정리했다.

한 권으로 보는 중국사 100장면
안정애 · 양정현 지음 | 신국판 | 값 10,000원

북경원인이 출현에서부터 최근의 한 · 중 수교에 이르기까지 장구한 중국의 역사에서 100대 사건을 엄선, 다기한 중국사의 흐름을 간명하게 제시했다.

한 권으로 보는 러시아사 100장면
이무열 지음 | 신국판 | 값 12,000원

러시아 대륙에 최초로 나타난 나라 키예프 러시아에서 '인류의 위대한 실패'로 기록된 소련의 붕괴까지, 격동의 러시아사에 100대 사건을 간명하게 정리했다.

한 권으로 보는 미국사 100장면
유종선 지음 | 신국판 | 값 10,000원

신대륙 발견에서 LA 흑인폭동에 이르기까지, 건국 200년 아메리카 합중국의 역사에서 일대 전기를 이루었다고 생각되는 100대 사건을 엄선, 간명하게 정리했다.

한 권으로 보는 해방후 정치사 100장면
(증보판)

김삼웅 지음 | 신국판 | 값 9,000원

해방에서부터 김대중 집권까지 반세기 동안 격동했던 한국 현대정치사 중에서 역사의 전기를 이루었다고 생각되는 102대 정치사건을 엄선, 정리했다.

한 권으로 보는 서양철학사 100장면
김형석 지음 | 신국판 | 값 10,000원

철학의 탄생에서 20세기 현대사상에 이르기까지 3천년 서양철학사를 에세이풍으로 시원스레 풀어나간 노교수의 명강의.

한 권으로 보는 불교사 100장면
임혜봉 지음 | 신국판 | 값 10,000원

석가의 탄생에서부터 성철 큰스님의 입적까지 우리 불교를 중심으로 100대 사건을 엄선, 2500년 불교사의 가닥을 간명하게 정리했다.

한 권으로 보는 북한현대사 101장면(증보판)
고태우 지음 | 신국판 | 값 9,000원

김일성의 입북에서 사망, 김정일의 후계계승, 최근의 남북정상회담까지 북한의 역사에서 101대 사건을 엄선, 북한사의 흐름을 쉽게 짚을 수 있도록 엮었다.

한 권으로 보는 세계 탐험사 100장면
이병철 지음 | 신국판 | 값 12,000원

중세의 바다를 주름잡았던 바이킹에서부터 에베레스트를 무산소로 등정한 라인홀트 메스너까지, 이제까지 있었던 인류의 탐험사를 100장면으로 정리.

한 권으로 보는 20세기 대사건 100장면
(증보판)

양동주 지음 | 신국판 | 값 9,500원

격동의 20세기, 어떤 대사건들이 일어났나? 20세기 100년 동안 세계사의 흐름을 뒤바꾼 대사건 100개를 엄선한, 살아 있는 세계현대사.

한 권으로 보는 20세기 결전 30장면
정토웅 지음 | 신국판 | 값 12,000원

20세기 100년간 일어난 수많은 전쟁 중 주요 전투, 곧 '결전' 30개를 뽑아 그 전개경과와 전술, 승패요인, 전사적인 의미 등을 쉽게 풀어쓴 20세기 전쟁사의 결정판.

한 권으로 보는 전쟁사 101장면

정토웅 지음 | 신국판 | 값 9,000원

트로이 전쟁에서 대 이라크 전쟁인 걸프 전쟁까지, 인류 역사의 물줄기를 바꾸어온 중요 전쟁 101개를 엄선한 전쟁사 입문서.

한 권으로 보는 일본사 101장면

강창일·하종문 지음 | 신국판 | 값 10,000원

선사문화에서 의회 부전결의까지, 일본역사의 전기를 이룬 101장면을 추려 시대순으로 정리하여 일본사의 흐름을 한눈에 파악할 수 있게 한 '새로운 일본사 읽기'.

한 권으로 보는 한국 최초 101장면

김은신 지음 | 신국판 | 값 9,000원

'파마 값이 쌀 두 섬이었던 최초의 미장원'에서부터, 남자가 애 받는 '해괴망측한 산부인과 병원'까지 우리 근대문화의 뿌리를 들춰 보는 재미있는 문화기행.

한 권으로 보는 한국미술사 101장면

임두빈 지음 | 변형 4·6배판 | 올 컬러 | 값 20,000원

선사시대 원시인들의 암각화에서 현대미술에 이르기까지 101개의 주요 작품을 위주로 일목요연하게 해설, 부담없이 읽어나가는 동안 한국미술 5천 년의 역사를 파악할 수 있도록 한 역작.

〈98 한국간행물윤리위원회 제32차 청소년 권장도서〉 선정

한 권으로 보는 중국미술사 101장면

장훈 | 노승현 옮김 | 변형 4·6배판 | 올 컬러 | 값 20,000원

동양미술의 첫 샘, 중국미술을 이해하지 않고서는 우리 미술을 이해할 수 없다. 반파 채도에서 제백석까지, 7천 년 중국미술사로의 재미있는 여행.

〈99 이달의 청소년도서〉 선정

한 권으로 보는 그리스 신화 100장면

이경덕 지음 | 신국판 | 값 9,800원

그리스 신화의 개념을 명쾌하게 정리하여 살아 숨쉬는 그리스 신화를 만날 수 있다. 그리스 신화를 계통적으로 접근, 각각의 이야기들을 씨줄과 날줄을 엮듯 정교하게 직조한 또다른 신화 읽기.

한 권으로 보는 이집트 역사 100장면

손주영·송경근 지음 | 신국판 | 값 10,000원

나일 문명의 태동에서 무바라크 대통령 취임까지, 신비로운 인류역사와 문화의 보고寶庫, 이집트 7천 년의 역사를 흥미롭게 써내려간 입문서.

한 권으로 보는 캐나다 역사 100장면

최희일 지음 | 신국판 | 값 10,000원

신대륙 발견에서 퀘벡 분리운동까지─ 국내 최초로 소개되는 캐나다의 역사와 사회변천사. 역사보다는 자연으로 더 많이 알려진 캐나다. 짧지만 급변했던 캐나다의 어제와 오늘 그리고 내일을 깊이 있게 조망한 책.

한 권으로 보는 서양음악사 100장면

제1권 〈고대의 음악에서 바로크 음악까지〉

박을미 지음 | 변형 4·6배판 | 올 컬러 | 값 18,000원

제2권 〈계몽주의 음악에서 현대음악까지〉

김용환 지음 | 변형 4·6배판 | 올 컬러 | 값 22,000원

〈43회 한국백상출판문화상〉 수상

〈2002 한국문예예술진흥원 선정도서〉

한 권으로 보는 스페인 역사 100장면

이강혁 지음 | 신국판 | 값 12,000원

알타미라 동굴 벽화에서 유로 화폐까지, 투우와 플라멩코, 헤밍웨이와 피카소의 나라로 기억되는 스페인의 모든 것. 스페인의 길고 웅대했던 역사가 펼쳐진다.